CATARATA

CARLOS TAIBO

Profesor de Ciencia Política en la Universidad Autónoma de Madrid. Entre sus obras se cuentan *Repensar la anarquía* (Los Libros de la Catarata, Madrid, 2013), *¿Tomar el poder o construir la sociedad desde abajo?* (Los Libros de la Catarata, Madrid, 2015), *Anarquismo y revolución en Rusia (1917-1921)* (Los Libros de la Catarata, Madrid, 2017), *Libertari@s. Antología de anarquistas y afines para uso de las generaciones venideras, y de las que no lo son tanto* (Los Libros de la Catarata, Madrid, 2017), y *Los olvidados de los olvidados. Siglo y medio de anarquismo en España* (Los Libros de la Catarata, Madrid, 2018).

Carlos Taibo

Anarquistas de ultramar

ANARQUISMO, INDIGENISMO, DESCOLONIZACIÓN

CATARATA

© LOS LIBROS DE LA CATARATA, 2024
FUENCARRAL, 70
28004 MADRID
TEL. 91 532 20 77
WWW.CATARATA.ORG

ANARQUISTAS DE ULTRAMAR.
ANARQUISMO, INDIGENISMO, DESCOLONIZACIÓN

ISBN: 978-84-1067-084-6
DEPÓSITO LEGAL: M-17.881-2024
IBIC: THEMA: JPFB/NHTR

La sangre india que corre por nuestras venas hace que la lucha por la justicia y la dignidad sea herencia y futuro.

Ricardo Flores Magón

Ninguna copia libera.

Kheswa Kollasuyu Wankar

Hay que dejar nuestros sueños, abandonar nuestras viejas creencias y nuestras amistades de antes. No perdamos tiempo en estériles letanías o en mimetismos nauseabundos. Dejemos esta Europa que mientras habla del hombre lo masacra allí donde lo encuentra, en todos los rincones de sus propias calles, en todos los rincones del mundo.

Frantz Fanon

ÍNDICE

PRÓLOGO

En un libro anterior, *Repensar la anarquía*, dejé sin atar algunos cabos relativos al vínculo —tan apasionante como, en su caso, tenso— del anarquismo europeo con lo que por una vez, y sin sentar costumbre, llamaré "países del Sur". Intento ahora pagar la deuda correspondiente y abordar al respecto tres grandes materias: la condición de los anarquistas que, desde Europa, marcharon a ultramar —dan título a este libro, aunque constituyan solo una parte de quienes lo mueven—, la naturaleza de las prácticas libertarias de muchas comunidades indígenas en América, en África, en Asia y en Oceanía, y, en suma, la necesidad de descolonizar definitivamente el propio discurso anarquista, en un grado u otro tributario de la modernidad europea y occidental.

Admitiré de buen grado que la última circunstancia que acabo de invocar remite a una tarea moderadamente sorprendente, al menos si aceptamos, y creo que debemos hacerlo, que sobran las razones para afirmar que el anarquismo es, de todas las propuestas ideológicas surgidas de la Ilustración, la más universalista, la menos propicia a sucumbir a flujos de carácter eurocéntrico y una de las más preocupadas por —este es, de forma evidente, uno de los hilos que recorre este libro— los campesinos y su condición. Dejaré claro desde este momento, de cualquier modo, que mi propósito en estas páginas no es ni señalar morbosamente las limitaciones de los anarquistas que pelearon entre 1870 y 1930, ni elogiar encomiásticamente a estos. Aunque, emplazado ante el deber de elegir entre lo uno y lo otro, confesaré que la segunda de las posiciones puede aportar en su provecho muchos activos, y entre ellos uno: esos anarquistas de los que hablo se levantaron claramente por encima de su tiempo y no pueden sino merecer nuestro respeto y admiración. Reconoceré, aun así, que no soy objetivo: sería absurdo que ocultase mis simpatías por el anarquismo y que escondiese, en último término, mi insoslayable condición de anarquista europeo que sigue recomendando a sus alumnos que no pierdan de vista a Emma Goldman, a Piotr Kropotkin, a Errico Malatesta, a Louise Michel o a Élisée Reclus. Las de estos cinco luchadores son, por cierto, las cinco fotos que adornan la pared de mi despacho en una universidad madrileña.

Como el lector rápidamente comprobará, esta obra se ordena en nueve capítulos. El primero pretende deshacer, probablemente con escaso éxito, tres equívocos terminológicos. El segundo sopesa cómo llegaron las ideas anarquistas a esos cuatro continentes que acabo de enumerar. El tercero, de manera muy somera, aborda la condición de lo que llamaré "anarquismos híbridos". El cuarto se interesa por las prácticas "libertarias" abrazadas desde tiempo inmemorial por muchas comunidades humanas. El quinto considera cuál fue la relación que establecieron los anarquistas de ultramar —los llegados de Europa y sus compañeros— con esas prácticas y esas comunidades recién invocadas. El sexto estudia la influencia de la modernidad en el anarquismo, y en particular la frecuente aceptación, por este, de que la "civilización occidental", y con ella muchos de sus rasgos, es superior a las restantes. El séptimo se aproxima a las grandezas y a las miserias del discurso anticolonial que cobró cuerpo en el mundo anarquista. El octavo pone sobre la mesa la actualidad de muchos de los debates anteriores, al amparo de la consideración de dos casos —Chiapas y Rojava— que bien pueden servir de espacio de encuentro entre tradiciones y descolonizaciones. El noveno y último, en fin, procura explicar la naturaleza de una propuesta, la del anarcaindigenismo, a la que, ojalá, acompañe la suerte. Aunque, como es fácil intuir, cada uno de esos capítulos daría para enhebrar un libro entero, me ha parecido preferible esta apretada síntesis que, por un lado —al menos así quiero pensarlo—, divulga hechos poco conocidos y, por el otro, avanza con alguna osadía tesis que deben ser sometidas a ratificación, a corrección o a refutación.

Quiero llamar la atención sobre el hecho de que en este trabajo se abordan materias poco frecuentadas. La abrumadora mayoría de los estudios sobre el anarquismo se interesa por Europa y, como mucho, por Estados Unidos. Llamativo resulta, lo anterior aparte, que las monografías que dan cuenta de los anarquismos locales vinculen estos, de forma inesperada, con el nombre de los Estados objeto de rechazo. Si en esta obra mi atención se ha concentrado en buena medida en América Latina, he procurado, con todo, acercarme también a sugerentes realidades que se han hecho valer en África, Asia u Oceanía. No está de más subrayar que no faltan quienes sostienen que, pese a las apariencias, ha habido, y acaso hay, más anarquistas lejos del mundo occidental que en este último. Si disponemos, por otra parte, de muchos estudios de carácter general sobre el anarquismo, no sobran los que procuran interesarse por espacios geográficos determinados, tal vez sobre la base de la presunción, poco afortunada, de que aquel se ha revelado conforme a patrones similares en los más diferentes lugares. Para hacer el escenario aún más complejo, en el encaramiento de muchas de las materias que me atraen en esta obra se dan cita, con los problemas esperables de ensamblaje de disciplinas, historiadores y antropólogos. Estos últimos se interesan, por añadidura, por un objeto tan inquietantemente cenagoso como son las prácticas libertarias de los pueblos indígenas. Si unas veces esas prácticas son cosa del pasado, en otras remiten al presente y, tal vez, al futuro. Si unas veces su huella es fuerte, en otras se revela, en cambio, de manera muy débil.

Debo añadir que los objetos mayores de estudio de esta obra no son, en modo alguno, realidades marginales. Bueno será que subraye al respecto que el anarquismo, o el anarcosindicalismo, fue una corriente muy importante, en muchos casos hegemónica, en el movimiento obrero latinoamericano en las dos primeras décadas del XX, hizo acto de presencia significativa en el oriente asiático y en modo alguno faltó en África y Oceanía. Más allá de lo anterior hay que recordar, con todo, que, infelizmente, las materias vinculadas con la necesidad de descolonizar el anarquismo han estado durante mucho tiempo lejos de las preocupaciones de los anarquistas europeos. Creo firmemente, sin embargo, que la descolonización en cuestión, y la hibridación del anarquismo con muchos pueblos indígenas, bien puede aportar una savia nueva de la que estamos manifiestamente necesitados. Aprender de esos pueblos y apoyarlos es, de cualquier modo, y siempre, una tarea muy honrosa. Una forma de hacerlo consiste, por cierto, en intentar alejarse de la lengua farragosa, a menudo indescifrable, que de un tiempo a esta parte se ha instalado en todas las ciencias sociales.

Me gustaría subrayar, por otro lado, que este texto quiere ser cauteloso en todas sus apreciaciones. Bastará con que recuerde —lo hago en un par de ocasiones en sus páginas— que los datos que he manejado no siempre otorgan certezas en lo que hace a la naturaleza de los objetos estudiados, de tal manera que lo saludable es —lo repito— que sean objeto de revisión, a efectos de confirmar las conclusiones o, por el contrario, de refutarlas. Esto al margen, el período que me interesa en el grueso de las páginas de este trabajo, el que separa 1870 y 1930, acoge generosamente las realidades más dispares. Para que nada falte, no me queda sino certificar que hay ámbitos de interés decisivo en relación con los cuales las reflexiones incluidas en estas páginas no son, a buen seguro, suficientes, como insuficientes son mis conocimientos al respecto. Estoy pensando, en singular, en el que se refiere a las mujeres, y ello pese a que estas se hacen presentes en muchas ocasiones en este examen de tiempos pasados y, en particular, en la reivindicación contemporánea de la propuesta anarcaindigenista. Pero estoy pensando también, por rescatar otra dimensión, en la dificultad de calibrar cuál ha sido la relación histórica entre el anarquismo y la reivindicación de los derechos de los animales, una reivindicación que cada vez más personas, con buen criterio, han hecho suya.

Quiero agradecer, en suma, las muchas sugerencias que, en el proceso de elaboración de este libro, me han llegado de un puñado de amigos. Queden aquí sus nombres: Igor Ahedo, Francisco Carballo, Pastori Filigrana, Eduardo Godoy, Paulo Guimarães, José Carlos Lechado, Estefanía Molina, Daniel Montañez Pico, Rodolfo Montes de Oca, Isidoro Moreno, Hugo Paternina, Juan Carlos Pujalte, Carmen Rodríguez y Héctor Romero. E inclúyase en la lista a los colegas de la librería La Malatesta de

Madrid. Ninguno de ellos es responsable de los muchos errores y divagaciones que esta obra, a buen seguro, incorpora.

CARLOS TAIBO
Julio de 2018

PRÓLOGO A LA SEGUNDA EDICIÓN

No me resulta sencillo evaluar cuál ha sido la acogida de esta obra. Lo primero que puedo señalar al respecto es que la edición española de *Anarquistas de ultramar* se tomó su tiempo en agotarse. Nada menos que cinco años, y eso que la tirada, un millar de ejemplares, no era muy alta. Quiero pensar, acaso sin mayor fundamento, que muchas de las personas que a primera vista podían sentirse interesadas por el libro estimaron que este tenía una condición en exceso erudita y exótica. Pensaron, en otras palabras, que hablaba de sucesos acaecidos mucho tiempo atrás y en países muy alejados. Creo modestamente que se equivocaban, toda vez que el debate relativo a la descolonización, a las descolonizaciones, todavía está —tiene que estarlo— muy vivo.

Al menos en lo que hace a lo acontecido con el libro lejos del lugar en el que se produjo su primera edición, parece que puede afirmarse que su derrotero fue más afortunado. Disfrutó, por lo pronto, de un puñado de versiones latinoamericanas. Si mi memoria no me falla, ahí están las que vieron la luz en Argentina (Cúlmine, Buenos Aires), Chile (Eleuterio, Santiago), Colombia/Ecuador (Imprenta Comunera-Pie de Monte-Kikuyo, Cali-Bogotá-Quito) y

México (La Reci, San Cristóbal de las Casas), junto con la por el momento postergada peruana. Y se benefició de traducciones al francés (de Mónica Jornet, Éditions du Monde Libertaire, París) y al italiano (de Raúl Zecca Castel R., Zero in Condotta, Milán). Pero lo cierto es que de nuevo a duras penas estoy en condiciones de valorar el eco de esos empeños editoriales.

Solo se me ocurre formular al respecto de esa acogida un par de observaciones. La primera, algo redundante, me obliga a subrayar que, con toda evidencia, uno de los propósitos de esta obra es traer al momento presente los hechos acaecidos hace algo más de un siglo, y con ellos, y esto es importante, sus antecedentes y sus consecuencias. Creo al respecto que la aparición, y la buena acogida, del libro de David Graeber y David Wengrow que en castellano se ha titulado *El amanecer de todo. Una nueva historia de la humanidad* es un estímulo para que esa tarea, o una parte de ella, sea más hacedera. Cuando he tenido que dedicar algún ejemplar de mi obra, comúnmente he anotado que, pese a los muchos progresos realizados, aún queda algún camino que recorrer en la tarea de descolonizar definitivamente el propio anarquismo. Todos los habitantes de los países del Norte llevamos —no lo olvidemos— una impronta colonial.

La segunda observación que anunciaba me aconseja señalar que, pese a alguna advertencia que recibí en su momento, esta obra no ha sido objeto de las iras de los *anarcotestosterónicos* que todavía quedan por ahí. O apenas lo ha sido. Recuerdo alguna acometida singular asumida por personas que se expresaban, claro, desde el anonimato —cómo había de ser de otra manera— y que con toda evidencia no habían leído el libro. Su filosofía no era otra que la que invitaba a concluir que el anarquismo es un cuerpo doctrinal tan perfecto como intocable, de tal suerte que solo las gentes más ignorantes y vendidas pueden cuestionar los sagrados principios que incorpora. Afortunadamente son pocos los anarquistas arraigados en semejante ejercicio de fatuidad y petulancia.

Me queda reseñar, en suma, cuáles son los cambios que acoge esta segunda edición de *Anarquistas de ultramar.* El texto ha sido revisado, por lo pronto, para corregir errores e imprecisiones, por un lado, y para adaptar las normas ortográficas a las últimas novedades que las autoridades promueven, no sé si con buen criterio, por el otro. He agregado, eso sí, un epílogo que se hace eco de algunas de las discusiones en las que he participado, o de las que he tenido noticia, en los últimos años, con la voluntad, una vez más, de poner al día estas páginas. Queda en manos de quien me lee determinar si el esfuerzo ha merecido la pena.

Madrid, julio de 2024

CAPÍTULO 1

TRES OBSERVACIONES TERMINOLÓGICAS

Disculpe el lector que abra este libro con tres observaciones de carácter terminológico. Las tres se refieren a cuestiones, o a percepciones, que recorren toda la obra y las tres se materializan en opciones que no son plenamente satisfactorias. No lo son, en buena medida, de resultas de un fenómeno que no debe escapársenos: desde hace varios siglos son los europeos, de manera más general los occidentales, quienes, no contentos con describir y denominar el mundo, se han empeñado en imponer a los demás descripciones y nombres.

La primera de mis aseveraciones no parece, en sí misma, controvertida. Aunque en el capítulo siguiente volveré sobre la materia para realizar precisiones y aquilatar límites, entenderé por "anarquismo" una ideología, y una práctica, que vio la luz a mediados del siglo XIX en la Europa occidental, que tiene su canon de pensadores —Bakunin, Kropotkin, Malatesta...—, todos ellos llamativamente varones, y que se revela a través de un cuerpo de ideas-matriz entre las cuales a buen seguro se cuentan las que reivindican la autogestión, la democracia y la acción directas, el federalismo y el apoyo mutuo. En esta obra se presta, sin embargo, singular atención a un fenómeno que, considerado en su momento por varios de los clásicos del anarquismo y sacado a la luz en las últimas décadas por un puñado de antropólogos, remite a una realidad a la vez próxima y distante. Me refiero al hecho de que son muy numerosas las comunidades humanas que, desde tiempo inmemorial y en los cinco continentes —incluiré provisionalmente, también, a Europa—, han desplegado prácticas que a menudo recuerdan a esas ideas-matriz recién mencionadas. No es en modo alguno sencillo dar cuenta de la condición de esas comunidades humanas. Describirlas como "anarquistas" sería, manifiestamente, errar el tiro, toda vez que la fórmula en cuestión acarrearía un ejemplo más, el enésimo, de códigos calificatorios surgidos en el mundo occidental e impuestos —sin consulta previa entre los afectados, claro— a un sinfín de pueblos que se resisten al juego correspondiente. Otro tanto cabe decir, por lo demás, de un término, el de "anarquismo antropológico"[1], que disfruta de algún predicamento y que, como puede apreciarse, pretende identificar la huella de los estudios desarrollados por numerosos antropólogos. Aunque, en fin, la expresión pueda suscitar legítimas simpatías, tampoco parece de recibo, al menos en este contexto, la afirmación de que tales o cuales gentes eran "anarquistas sin saberlo", por mucho que pueda arrastrar la imagen, saludable por poco tributaria del discurso colonial, de que esas gentes no tenían necesidad alguna de saber que eran eso: anarquistas.

Pese a lo dicho, y siquiera solo sea en virtud de un ejercicio de economía lingüística, de alguna manera habrá que describir la naturaleza de esas comunidades humanas, no sin antes dar por descontado, de manera ciertamente

1. Gemie, 2013: 319.

discutible, que configuran un todo mal que bien homogéneo. Para hacerlo me serviré de un adjetivo que, pese a heredar muchas de las carencias que muestra aquel al que pretende sustituir, tiene a mi entender la virtud de avisar al lector sobre algunos de los problemas de descripción que ahora me ocupan. Me refiero al adjetivo "libertario". Aunque en muchos lugares, y en muchas lenguas —entre ellas aquella en la que está escrito este texto—, los adjetivos "anarquista" y "libertario" son, hoy, sinónimos casi perfectos, concluiré que el segundo tiene un sesgo ideológico menor y remite, a manera de compensación, antes a prácticas y a conductas que a conceptos asentados. Diré entonces, de manera acaso infeliz, que esas comunidades humanas que quiero retratar se caracterizan por desplegar "prácticas libertarias". Ya he puesto sobre aviso al lector ante el hecho de que la fórmula de la que acabo de echar mano no resuelve mágicamente, sin embargo, los problemas. Y ello ante todo por dos razones. Si la primera subraya que no acierta a ocultar, una vez más, un impulso de egoísta descripción de realidades ajenas conforme a categorías que surgen en el mundo occidental, la segunda llama la atención sobre el eventual efecto de confusión que esconde el cada vez más extendido empleo del adjetivo "libertario" para describir la propuesta que realizan los "libertarianos" —los *libertarians*— norteamericanos, y otros, liberales extremos que hacen de la propiedad privada y de la primacía del interés individual el hilo conductor de su reflexión y de su acción. Aun con estos riesgos, quede avisado el lector de que cuando hable de comunidades inmersas en prácticas libertarias —importa remarcar lo de las "prácticas", sin descartar en modo alguno que se vean acompañadas por teorías que las apuntalen— me estaré refiriendo a pueblos que, no siendo, por razones obvias, "anarquistas", exhiben sin embargo, en su vida cotidiana y en su organización social, muchos de los principios reivindicados por estos últimos. En el buen entendido, claro, de que no los exhiben por imitación, sino, antes bien, en virtud de un impulso orgullosamente propio.

La segunda de las disputas terminológicas afecta a cómo debemos denominar, más allá de lo ya señalado, a esos pueblos portadores de prácticas libertarias. Cuando se repasa la bibliografía al uso —y pienso ahora tanto en la anarquista como en la desarrollada por los antropólogos— pronto se descubre que se habla —a buen seguro que el listado es más largo— de "pueblos primitivos", "pueblos salvajes", "pueblos originarios", "pueblos nativos" y "pueblos indígenas". Creo que todas estas denominaciones, de raíz visiblemente europea, arrastran virtudes e inconvenientes. Como sucede a menudo, incluso las dos primeras, que tienen en origen un carácter manifiestamente despectivo, han experimentado una progresiva inversión de significado que ha acabado por otorgarles un rasgo positivo, como es el vinculado con la saludable condición de "lo primitivo" y de "lo salvaje" contrapuesta a los vicios de lo "complejo", "lo desarrollado" o "lo civilizado". Al fin y al cabo, "en lo salvaje reside la salvación del mundo", escribió Thoreau[2].

Lo de los "pueblos originarios" es harina de otro costal. Silvia Rivera Cusicanqui ha tenido a bien señalar que el concepto niega la coetaneidad de estas poblaciones[3]. No solo eso: "El término 'pueblo originario' afirma y reconoce, pero a la vez invisibiliza y excluye, a la gran mayoría de la población aymara o qhichwa hablante del subtrópico, los centros mineros, las ciudades y las redes comerciales del mercado interno y el contrabando. Es entonces un

2. Cit. en Petri, 2018: 190.
3. Rivera Cusicanqui, 2014: 59.

término apropiado a la estrategia de desconocer a las poblaciones indígenas en su condición de mayoría, y de negar su potencial vocación hegemónica y su capacidad de efecto estatal"[4]. Más allá de ello, y en lo que hace a nuestros intereses, lo de "pueblos originarios" exhibe una carencia importante: la de no acoger en su seno a comunidades humanas que, como muchas de las integradas por negros o gitanos, no tienen un carácter "originario" y, sin embargo, han protagonizado prácticas libertarias. Esta carencia afecta también a las dos últimas posibilidades recogidas, las que hablan de "pueblos nativos" y "pueblos indígenas", que retratarían a quienes, víctimas de la colonización, habitan, o han habitado, las tierras de las que son originarios, frente a la condición de los integrantes de las sociedades coloniales. Para Viveiros de Castro, los indígenas, en particular, son miembros de pueblos o comunidades conscientes de su relación histórica con quienes eran los habitantes de unas u otras tierras antes de la llegada de los europeos[5]. Aun con la carencia reseñada, y comoquiera que creo que lo de "pueblos indígenas" ofrece la aproximación más feraz a la condición de las comunidades que aquí me interesan, será el término del que me sirva con mayor frecuencia, sin desdeñar por completo el empleo de los restantes.

Abordo ya la tercera, última y, acaso, menos controvertida discusión: la relativa a cuál es el nombre que debemos atribuir al anarquismo y a los anarquistas que se aposentaron, o que surgieron —ya veremos que esta tesitura descriptiva da su juego—, lejos de Europa, esto es, en América, en África, en Asia y en Oceanía. Al respecto se ha hablado, por lo pronto, de "anarquismos del Sur" y de

4. Rivera Cusicanqui, 2014: 60.
5. Viveiros de Castro, 2017b: 3.

"anarquismos no occidentales". En lo que atañe al primer término, creo que saltan a la vista los problemas, ingentes, que arrastra la metáfora del Sur. Más allá de esos problemas, que me abstendré de glosar, no parece de recibo hablar de los anarquismos norteamericano o japonés como si se tratase de "anarquismos del Sur". Esto aparte, también en Europa ha habido, y en su caso hay, un sur anarquizante y un norte marxistizante, un este anarquizante y un oeste marxistizante. Por lo que se refiere al segundo, que es el término que da título a una obra de Jason Adams, creo que está cargado, de nuevo, de equívocos. El primero, y principal, subraya que una de las líneas maestras que recorre el libro que el lector tiene entre sus manos sugiere que esos anarquismos son, muy al contrario, profundamente occidentales. Permítaseme que revele que, mientras trabajaba en la elaboración de esta obra, procuré acopiar, al tiempo, materiales para una antología de pensadores anarquistas no europeos y pronto me topé con un problema no precisamente menor: la mayoría de los textos recopilados eran por completo indistinguibles de los que escribían, en los mismos años, españoles, franceses o italianos. Argentinos, mexicanos, sudafricanos y chinos reproducían de manera casi siempre mimética lo que llegaba de Europa. No está de más que recuerde, en suma, el sentido mutante del vocablo "Occidente". Enzo Traverso anota que durante mucho tiempo la palabra se vinculaba sin más con "Europa", exceptuado, ciertamente, el imperio ruso. Acaso fue a finales del XIX cuando pasó a incorporar un significado más amplio, que para algunos remitía a la "civilización judeocristiana" y para otros al "sistema atlántico"[6]. En estas condiciones, y por añadidura, no resulta demasiado claro qué es lo que en el siglo XIX

6. Traverso, 2016: 146.

suponía afirmar que alguien era "eurocéntrico". Traverso sugiere —con ironía, supongo— que significaba, sin más, señalar que ese alguien vivía en el siglo XIX[7].

Habida cuenta de todas estas taras, me he inclinado por emplear otro término, "anarquismos de ultramar", que tiene la virtud de acoger a quienes cruzaron mares y océanos para llevar la buena nueva anarquista a lugares casi siempre alejados. Cierto es que, a tono con lo que ya he tenido la oportunidad de resaltar varias veces, el término en cuestión, en este caso de vocación manifiesta y premeditadamente eurocéntrica —no me queda sino reconocer cuál es el lugar desde el que escribo—, no ampara con comodidad a quienes, en los países de acogida, y no pienso ahora en las comunidades indígenas, ya estaban allí antes de la llegada de los barcos y de los libros de Fourier, de Proudhon y de Bakunin.

7. Traverso, 2016: 147.

CAPÍTULO 2

CÓMO LLEGÓ EL ANARQUISMO A LOS PAÍSES DE ULTRAMAR

La tesis mayor que se defiende en este capítulo señala que el anarquismo, tal y como lo he entendido unas páginas más atrás, vio la luz en Europa y, al poco, se expandió por todo el planeta. Debo dejar claro —al lector se le hará evidente— que no estoy hablando ahora de las prácticas libertarias que desarrollaron, y en su caso desarrollan, muchos pueblos indígenas. Me estoy refiriendo a una doctrina que, tal y como ya sugerí, se perfiló a mediados del siglo XIX en la Europa occidental, de tal suerte que no "surgió" en los países de ultramar sino que, antes bien, fue llevada a estos. Hablo de una doctrina que, conforme a una percepción extendida, se configuró fundamentalmente en Francia, con ramificaciones coetáneas en Inglaterra y Alemania, y obtuvo pronto eco en lugares limítrofes como los Países Bajos, Bélgica, Suiza, Italia, España y Portugal[1]. De una doctrina, en suma, que se tradujo en conductas muy honrosas que a menudo, y pese a lo sugerido, tenían un origen espontáneo, no manifiestamente marcado por la ideología subyacente. No debe entender el lector, en cualquier

1. Cappelletti, 1990: IV.

caso, que la invocación de la condición doctrinal-ideológica del anarquismo identifica un rasgo negativo.

Admitiré de buen grado que la tesis anterior no deja de ser controvertida. Si así se quiere, plantea tres problemas importantes. El primero afecta a la determinación del momento preciso en que se reveló el anarquismo. He hablado al respecto —de manera, ciertamente, un tanto nebulosa— de mediados del siglo XIX, que estimo es, mal que bien, el momento a partir del cual aquel manifestó su vínculo con los movimientos obreros y socialistas, de la mano de su presencia en organizaciones de masas como las que, poco después, confluyeron en la Primera Internacional. Pero es cierto que el punto de partida puede fecharse antes. ¿Por qué no tomar en consideración, por ejemplo, la obra de William Godwin, el protoanarquista inglés, lo que nos emplazaría a finales del siglo XVIII? ¿Por qué no prestar atención a algunas de las concreciones del socialismo llamado utópico, con retoños relevantes en las obras y en las iniciativas de Charles Fourier y de Robert Owen? ¿Qué relieve habría que otorgar a las muchas manifestaciones del anarquismo individualista, con los textos de Max Stirner en lugar principal? ¿Qué hacer, en fin, con Proudhon, una especie de bisagra entre el protoanarquismo y el anarquismo societario? Aunque todos estos casos obligarían a datar el origen del anarquismo antes de mediados del siglo XIX, no creo que la operación correspondiente afecte mayormente al argumento que aquí intento desarrollar.

El segundo de los problemas nace de la necesidad de preguntarnos por lo ocurrido en otros países de Europa, lejos ahora del núcleo occidental al que me he referido. Cierto es que su exclusión del meollo originario del anarquismo es discutible. Aunque puede argumentarse que en los Balcanes, en la Europa central, en Escandinavia y en el imperio ruso las organizaciones de masas de carácter anarquista tardaron tiempo —a menudo varias décadas— en perfilarse, es verdad que el procedimiento de llegada de las ideas correspondientes —volveré sobre esta cuestión— no fue diferente del que se hizo valer, por ejemplo, en Italia o en España. El anarquismo se reveló con fortaleza, al cabo, en el imperio ruso —en Rusia, en Polonia[2], en Bielorrusia y en Ucrania—, así como en Bulgaria, en el espacio yugoslavo y en Grecia[3]. Exhibió menor relieve, en cambio, en la Europa central y en Escandinavia[4]. En todos estos lugares la expansión de las ideas anarquistas se verificó ante todo de la mano de emigrados que regresaban a sus países procedentes de la Europa occidental[5], no sin que faltase, por lo demás, la influencia de los *naródniki*, de los populistas, rusos[6]. En Grecia parecieron desempeñar papeles importantes, también, los italianos que frecuentaban la parte más occidental del país, y en singular la ciudad de Patras[7]. En un escenario marcado por datos de índole diversa, que unas veces invitan a incorporar este espacio al propio del núcleo europeo occidental del anarquismo y otras sugieren la conveniencia de buscar para estos países un acomodo entre los anarquismos de ultramar, me inclino por abrir para ellos una especie de limbo independiente. Y por hacerlo de resultas de tres dimensiones. Si la primera subraya que, hablando en propiedad, no son países de ultramar, la segunda apunta que en ellos —con la posible excepción de determinadas áreas de Rusia— no hay pueblos originarios, aunque sí quepa concluir, sin embargo, que hay expresiones de prácticas

2. VV AA, 2006.
3. Nettlau, 1971: 229-239.
4. Marshall, 2008: 479-486, y Nettlau, 1971: 217-228.
5. Heath, 2018; Indic, 1990, y VV AA, 2018b.
6. Indic, 1990.
7. VV AA, 2018b.

libertarias como las que se expresan en muchos de aquellos. Por estas últimas me interesaré, cierto que de forma somera, en un capítulo posterior. La tercera de las dimensiones aconseja esquivar la identificación de los "continentes" —en este caso, Europa— como espacios unificados en los que inequívocamente se harían valer reglas del juego uniformes[8].

Las disyuntivas, y voy a por la tercera cuestión, que se abren a la hora de emplazar, en esta categorización, a Estados Unidos y a Canadá no son menores. Se manifiestan a través de tres posibilidades distintas de ubicación: la que invita a considerar esos dos países como adherentes del núcleo europeo occidental —convertido entonces, sin más, en núcleo occidental— de nacimiento del anarquismo, la que sugiere que el anarquismo vio la luz en Estados Unidos de manera más o menos simultánea, pero diferenciada, con el que surgió en Europa —en un capítulo posterior me interesaré por esta tesis, muy vinculada con el anarcoindividualismo— y la que estima que lo suyo es, pese a todo, emplazar las dos instancias que me ocupan entre los países de ultramar. Aunque la primera de esas percepciones puede exhibir en su provecho activos importantes, me he inclinado por acogerme, sin embargo, a la tercera, y ello ante todo por una razón: permite examinar de manera más cómoda la condición de las comunidades indígenas emplazadas en los territorios estadounidense y canadiense, por mucho que obvie que las elites de Estados Unidos y de Canadá asumieron con el tiempo políticas coloniales muy similares a las desplegadas por las potencias europeas.

8. Lewis y Wigen, 1997.

EL DIFUSIONISMO GEOGRÁFICO

Süreyyya Evren ha acometido una crítica de posiciones que, como la que aquí he defendido, entienden en sustancia que el anarquismo es una creación europea que se expandió con posterioridad por todo el planeta. Desde la perspectiva de Evren, semejante percepción tiene un carácter eurocéntrico, toda vez que ignoraría la manifestación, cabe suponer que paralela, y en cierto grado autónoma, del anarquismo en muchos países de ultramar. Evren invoca al respecto una tesis bien conocida, la de James Morris Blaut, quien ha llamado la atención, con buen criterio, sobre un sinfín de ejemplos que ilustran el vigor de lo que llama "difusionismo geográfico", esto es, la idea, forjada ante todo en el XIX, de que el progreso solo puede llegar de un centro europeo, o norteamericano, que permitiría forjar un canon de lo que, lejos de ese espacio, es defendible o no lo es[9].

Creo que, a la hora de justificar su crítica, Evren puede estar pensando en dos circunstancias diferentes. Si la primera encaja, mal que bien, o al menos no entra en colisión, con las tesis defendidas en este libro, no puede decirse lo mismo de la segunda. La primera de esas circunstancias sugiere que Evren concebiría el "anarquismo" como una especie de macrorreceptor en el que tendría cabida un sinfín de iniciativas de carácter antiautoritario, autogestionario, de democracia directa o de apoyo mutuo registradas desde mucho tiempo atrás. El problema de esta percepción es que, mientras por un lado tiene un carácter ahistórico, por el otro no explica por qué habría que utilizar el término "anarquismo", con toda evidencia ideado en la Europa occidental, para describir todas esas

9. Blaut, 1993.

iniciativas, de la mano de lo que legítimamente puede parecer un absorbente ejercicio de usurpación colonial de voluntades. No se trata, con todo, de negar buena voluntad e intenciones a semejante ejercicio, que tendría la innegable virtud de recordarnos que ha habido muchos seres humanos que, en los cinco continentes, y desde tiempo inmemorial, han desplegado prácticas de corte libertario. Que el argumentario de Evren no es ajeno a una perspectiva como esta, que mucho tiene que ver, claro, con los pueblos indígenas, lo vendría a demostrar un hecho esclarecedor: el propio Evren critica las percepciones de uno de los antólogos del pensamiento anarquista, Irving L. Horowitz, en la medida en que estima que la estructura de la obra de este último invita a concluir que las ideas anarquistas preceden inexorablemente a las prácticas correspondientes[10]. Salta a la vista que Evren deja abierta la posibilidad de que estas últimas —así, las desarrolladas por los pueblos indígenas— desmentirían semejante percepción y permitirían hablar de un "anarquismo" propio de los países del Sur, independiente y en su caso anterior al forjado ideológicamente en Europa. Aunque —lo reitero— esta manera de contemplar los hechos coincide con buena parte de la que se desarrolla en esta obra, queda por discutir la idoneidad del término "anarquismo", y no es materia de calado menor, para describir las prácticas que me ocupan.

La segunda posibilidad de interpretación de la tesis de Evren identifica, según yo lo creo entender, formas de anarquismo originales que competirían —también podrían completarlas— con las coetáneas europeas: los anarquistas de los países de ultramar no se habrían limitado, conforme a esta percepción, a traducir a Proudhon y a Bakunin,

10. Evren, 2014: 299.

sino que habrían aportado, y de manera consistente, contenidos y vivencias propios. No parece que esta intuición tenga, con todo, mayor relieve, y ello aunque sea legítimo adelantar que muchos de los estudiosos que cito en esta obra acaso se han dejado llevar en exceso por la búsqueda de influencias europeas en los anarquismos de ultramar, de tal suerte que habrían concluido, en un grado u otro, que las personas y los movimientos objeto de estudio serían entonces anarquistas por cuanto reproducirían miméticamente el canon europeo. Desde mi punto de vista sobran, sin embargo, los motivos para aducir que el anarquismo *llegó de* Europa, como lo demostrarían el hecho de que antes de esa llegada sus señales fuesen muy limitadas —en cualquier caso eran menos fuertes que las que en la propia Europa se asociaban con el protoanarquismo, el socialismo utópico, el anarquismo individualista o el mutualismo anarquista—, por no decir que nulas, y la certificación de que la mayoría de los anarquistas de ultramar dedicó buena parte de su esfuerzo —admitiré que no todo este— a difundir los autores, y las ideas, que procedían de Europa. Por eso es tan difícil elaborar —repito el argumento— una antología del pensamiento anarquista de ultramar que pretenda otorgar a este, en las primeras décadas de su expansión, una dimensión original y distinta. Y por eso dos de las más connotadas antologías de pensamiento anarquista, las desarrolladas por el mentado Horowitz y por Daniel Guérin, no incluyen sino autores europeos y norteamericanos[11]. A mi entender el anarquismo es, de resultas, una propuesta europea y, de manera más genérica, occidental, y ello por mucho que elementos centrales de su discurso contesten lo que significan, en tantos terrenos, "Europa" y "Occidente". Me atrevo a añadir

11. Horowitz, 1975, y Guérin, 2014.

que es precisamente por efecto de todo lo anterior por lo que surgieron, con el paso del tiempo, los anarquismos que etiquetaré de "híbridos", conscientes de la necesidad, no plenamente colmada, de otorgar a lo que arribaba de Europa un marchamo propio que era inevitable concluir que faltaba.

Ese origen europeo puede analizarse de manera aséptica, como un hecho neutro y no controvertido, o puede inducir a una crítica en la medida en que se estime que el anarquismo era portador, como veremos más adelante, y cierto que de manera muy singular —lo repetiré—, de eventuales espasmos coloniales. La negación de este horizonte general puede hacer que el argumento de Evren, inicialmente contestatario del eurocentrismo, sea paradójicamente, y de rebote, eurocéntrico. Por decirlo de otra manera, si hay muchos motivos para respaldar las tesis del "difusionismo geográfico" de Blaut, parece obligado recelar de que el anarquismo constituya una afortunada excepción que ilustre la ausencia, de su lado, de pulsiones eurocéntricas. La afirmación de que el anarquismo llegó de Europa no tiene un carácter eurocéntrico: responde a la mecánica general de un mundo objetivamente eurocéntrico, que no es lo mismo.

Es verdad, con todo, y regreso a una discusión ya abordada, que Evren tiene razón cuando llama la atención[12] sobre los problemas que rodean a la determinación de lo que entenderé que es una suerte de "espacio originario" del anarquismo —la terminología es mía—, separado de los "espacios de recepción" de este último. Esa separación permitiría distinguir el recinto europeo occidental —emisor, a su vez, de un relato oficial no contestado— y los restantes. ¿Realmente puede afirmarse que la llegada de

12. Evren, 2014: 301.

las ideas anarquistas se ajustó a patrones diferentes en España o en Italia, por un lado, y en Argentina o en México, por el otro?[13]. Cierto es que no hay muchos motivos para ratificar esa afirmación, y que los que parecen revelarse se fundamentan ante todo en la consideración del carácter de espacio colonial histórico que corresponde a los dos últimos países mencionados y los aleja de los dos primeros. Lo anterior no impide aseverar, sin embargo, y sin margen para la duda, que las ideas anarquistas llegaron de fuera a Argentina y México, como lo hicieron, ciertamente, a España e Italia. En el buen entendido de que en los dos primeros casos se manifiesta un fenómeno añadido: el de la existencia, en el presente o en el pasado, de pueblos indígenas eventualmente inmersos en prácticas libertarias. Admitiré, aun así, que el criterio que separa espacios originarios y espacios de recepción es en efecto cenagoso, tanto más cuanto que —ya lo he señalado— no faltan ejemplos europeos de comunidades humanas que mal que bien podrían ajustarse al estereotipo que delimita los pueblos indígenas afectos al despliegue de prácticas libertarias.

Más allá de todo lo anterior, creo que lo suyo es reconocer lo que en cierto sentido se antoja una obviedad: no es posible identificar la gestación fuera de Europa, y en el siglo XIX, de un anarquismo equiparable al europeo de aquel momento, vinculado con una combinación precisa en la que se daban cita elementos como los aportados por la Ilustración y la modernidad, por un lado, y por los efectos del surgimiento de un movimiento obrero —y en

13. Acaso no está de más agregar que, por no faltar, ni siquiera faltan los ejemplos de cómo algún anarquismo europeo se forjó, en buena medida, al amparo de influencias que llegaban de ultramar. El anarquismo irlandés mucho le debió, en tal sentido, al ascendiente de irlandeses radicados en Estados Unidos y, también, y claro, al de anarquistas ingleses. Véanse O'Connor, 2010, y VV AA, 2017a.

su caso campesino— organizado, por el otro. Reconocer lo dicho no significa en modo alguno, eso sí, restar relieve a otras formas de entender la realidad, y de actuar sobre ella, nacidas —antes, simultáneamente o después— en otros espacios geográficos, y tampoco significa establecer una relación de orgullosa prelación del anarquismo "europeo" con respecto a esas formas. Hay que repetir que, en sentido contrario, más bien parece que el esquema que abrazo permite asumir una crítica consecuente de algunas de las taras eurocéntricas del anarquismo europeo.

LA EXPANSIÓN ULTRAMARINA DEL ANARQUISMO

Si en este epígrafe me propongo, sin más, aportar algunas claves muy generales que dan cuenta de la expansión ultramarina del anarquismo, en el siguiente procuraré allegar un puñado de datos que apuntalan el origen europeo del anarquismo de ultramar. En un caso como en el otro la etapa objeto de interés es la que separa 1870 y 1930, cierto que con muchas modulaciones. Téngase presente que antes de la primera de esas fechas se hizo valer un período nebuloso en el que se dieron cita, al menos en algunos lugares, protoanarquistas, socialistas utópicos, anarcoindividualistas y proudhonianos, de tal forma que distinguir unos de otros, y calificar su condición, es tarea azarosa. Esto aparte, mientras el anarquismo alcanzó América Latina, o algunos de los países latinoamericanos, en las tres últimas décadas del XIX, hubo que aguardar al siglo XX para que llegase a buena parte de Asia. Su presencia fue dominante, en numerosos momentos y en el período que me interesa, no solo en España, sino en otros muchos países como Argentina, Brasil, Chile, Cuba,

Francia, Holanda, México, Perú, Portugal y Uruguay[14], y resultó ser consistente en otros países europeos y americanos, y en un puñado de lugares del este asiático. Los movimientos anarquistas experimentaron, con todo, y con alguna excepción, una general decadencia tras el triunfo de la revolución bolchevique en Rusia.

La llegada de las ideas anarquistas a los países de ultramar se ajustó acaso a dos grandes modelos. El primero se reveló en el grueso de América, en el norte y el sur del continente africano, y en Oceanía. Conforme a este patrón, las ideas anarquistas fueron llevadas por trabajadores, casi todos varones, que en su mayoría procedían de Europa, con prevalencia de los países de la Europa mediterránea y, en menor medida, de gentes originarias de la Europa central y oriental, a menudo judíos. El segundo modelo se manifestó, por el contrario, en la parte oriental del continente asiático. En este caso fueron japoneses, coreanos, chinos, vietnamitas o filipinos que, obreros o estudiantes, y de nuevo en su abrumadora mayoría varones, habían vivido un tiempo en Europa —en alguna circunstancia en Estados Unidos— quienes, de vuelta a sus países de origen, fueron portadores de la buena nueva ácrata. Cierto es que en esos dos grandes escenarios recién perfilados se hicieron valer las excepciones. Recordaré, por ejemplo, que el anarquismo boliviano a duras penas fue el producto de la llegada al país, que no se verificó en momento alguno, de trabajadores europeos; nació, antes bien, del contacto con obreros chilenos y argentinos. O subrayaré, también, en lo que hace al segundo modelo, y admito que ahora mi interpretación puede no ajustarse en plenitud a la realidad, que el anarquismo indonesio germinó antes en virtud de la llegada de funcionarios o trabajadores holandeses que de

14. Walt y Schmidt, 2009: 271.

resultas de la estancia en Europa de obreros o estudiantes autóctonos. No parece de más que agregue, en fin, que en los muy diferentes escenarios de despliegue de los anarquismos de ultramar se manifestaron dos situaciones muy distintas: si en unos casos —así, el de la América Latina costera— se había aposentado con anterioridad una población europea que visiblemente había ido arrinconando a los pueblos indígenas, en otros —África, el oriente asiático— predominaba con claridad la población nativa.

El proceso de expansión ultramarina del anarquismo se halla estrechísimamente relacionado con un buen puñado de puertos. Falta, por cierto, una historia, que por fuerza se anuncia hermosa y atractiva, de lo que estos últimos significaron en términos de expansión de las ideas ácratas. Estoy hablando de La Habana en Cuba, de Veracruz en México, de Barranquilla y Cartagena en Colombia, de La Guayra en Venezuela, de la Ciudad de Panamá en Panamá, de Guayaquil en Ecuador, de El Callao en Perú, de Iquique, Valparaíso y Punta Arenas en Chile, de Buenos Aires en Argentina, de Montevideo en Uruguay, de Santos, Río de Janeiro y Bahía en Brasil, de Alejandría en Egipto, de la Ciudad del Cabo y Durban en Sudáfrica, de Bombay y Calcuta en la India, de Tokio y Osaka en Japón, de Shanghái en China, o de Melbourne y Sídney en Australia[15]. Algunos de esos puertos oficiaron, por añadidura, como repetidores de las ideas anarquistas. Es el caso de La Habana en lo que al Caribe respecta, de Buenos Aires en lo que se refiere al cono sur latinoamericano, y en general a la América del Sur, o de Tokio y Shanghái en lo que atañe al oriente asiático.

Daré un salto más para adentrarme de forma somera en una discusión de siempre: la relativa a la condición del

15. Véanse, por ejemplo, Brignardello Valdivia, 2006, sobre Valparaíso, y Rodrigues, 2005, sobre Santos.

medio en el que los militantes anarquistas —repito que en su abrumadora mayoría varones— pasaron a trabajar. Anotaré, por lo pronto, que hay que eludir los tópicos que sugieren que el anarquismo —conforme a las tesis que contribuyó a apuntalar, de manera poco afortunada, Eric J. Hobsbawm[16]— fue en esencia un movimiento mayoritariamente configurado por artesanos y comerciantes. Los anarquistas se hicieron valer, antes bien, y con singular fuerza, entre el proletariado industrial que trabajaba en grandes fábricas, y configuraron al efecto un movimiento de carácter mucho más proletario que pequeño burgués[17], empeñado, por añadidura, en la organización popular en los barrios de las grandes ciudades y en la lucha por los derechos de las mujeres. En muchos casos era fácil confundir, por lo demás, anarquismo y sindicalismo. En América Latina, y en otros escenarios, se registró una clara mayoría de anarcosindicalistas y de sindicalistas revolucionarios, en detrimento del anarquismo individualista —solo apreciable, en pequeños retazos, en Argentina, Panamá y Uruguay— y del anarcocomunismo hostil a las prácticas sindicales, únicamente rastreable en el primero de esos tres países[18].

Más allá de lo anterior, y en lo que respecta a los países de ultramar, la presencia mayor del anarquismo, ¿se hizo valer en las áreas rurales o, por el contrario, se manifestó en los medios urbanos? Parece fuera de discusión que, a finales del XIX y principios del XX, entre los anarquistas de ultramar predominaron gentes que vivían en las ciudades, con frecuencia los puertos que acabo de mencionar. Eso sucedió en América Latina, pero ocurrió también, por

16. Hobsbawm, 1974.
17. Walt y Schmidt, 2009: 271.
18. Cappelletti, 1990: XI.

rescatar ejemplos llamativos, en Egipto[19], en China o en Japón. Lo anterior no impidió que la mayoría de los movimientos anarquistas procurasen establecer alianzas entre el medio urbano y el rural, sobre la base de la identificación —frente a lo que defendían muchas de las corrientes derivadas del pensamiento de Marx— de un potencial revolucionario en el campesinado, y en particular en el que trabajaba en grandes explotaciones. Cierto es, en paralelo, y sin embargo, que lo común fue que se revelasen organizaciones distintas en el caso de los obreros y en el de los campesinos[20]. Como cierto parece que las organizaciones campesinas de los movimientos anarquistas no lo fueron de larga duración e influencia notable[21]; tuvieron más bien un carácter espasmódico, como el que se manifestó, y es un ejemplo entre otros, al calor de las protestas en Grecia a partir de 1895, y en escenarios como Bulgaria, España, Macedonia, Manchuria, México y Ucrania[22].

Los movimientos anarquistas fueron mayoritariamente masculinos, como masculinos resultaron ser también casi todos sus portavoces y casi todos los autores de los libros y de los folletos que difundieron. Esta circunstancia se reveló de forma singular, por otra parte, en el caso del anarcosindicalismo. En relación con la discriminación que padecían las mujeres en las sociedades afectadas pareció imponerse la presunción de que todo se resolvía de la mano de la defensa de la igualdad —en el terreno económico como en el laboral— entre hombres y mujeres. Así las cosas, lo habitual fue que quedasen en el olvido las reglas de la sociedad patriarcal que operaba por detrás. La aparición, en algunos lugares, de lo que con el tiempo se

19. Gorman, 2010: 10.
20. Walt y Schmidt, 2009: 282.
21. Walt y Schmidt, 2009: 283.
22. Walt y Schmidt, 2009: 284.

llamó anarcofeminismo no fue sino una respuesta ante semejante escenario. Llamativamente, y por lo demás, en los países de ultramar algunas de las iniciativas más ambiciosas de liberación de las mujeres se produjeron al calor de procesos de hibridación entre comunidades indígenas y anarquistas.

En el mundo anarquista, en Europa como en ultramar, tuvo, en suma, un relieve ingente la difusión de la palabra escrita, en forma de libros y revistas, y en forma, por encima de todo, de traducciones de textos de los clásicos europeos, con Bakunin, Kropotkin, Malatesta y Élisée Reclus —todos varones, de nuevo— en lugares prominentes. Al respecto desempeñaron papeles importantes los ateneos, las bibliotecas y el teatro social, al amparo de un esfuerzo que tuvo una consecuencia sonora: la presencia muy notable del anarquismo en las expresiones literarias de los países afectados, particularmente visible en América Latina[23] pero en modo alguno menor en Asia. No hay que desdeñar por completo que esta dimensión de difusión de la palabra escrita, tan valiosa por muchos conceptos, abocase, sin embargo, en una relación difícil con muchos de los pueblos indígenas, casi siempre alejados de la escritura.

Permítaseme que acabe este epígrafe con el recordatorio de un fenómeno interesante: el que aportaron las numerosas leyes que preveían la expulsión de "anarquistas extranjeros". En 1902 se propuso un tratado internacional que debía ser suscrito por 17 Estados americanos —entre ellos Argentina, Bolivia, Chile, Colombia, Estados Unidos, México, Perú y Uruguay— y que vinculaba con el anarquismo delitos como, nada menos, el parricidio, el envenenamiento, el infanticidio, la violación o el

23. Véanse los numerosos ejemplos que se recogen en Cappelletti, 1990.

incendio[24]. En la trastienda, y entre los gobernantes, se asentó la convicción de que las ideas anarquistas por fuerza tenían que llegar de fuera, toda vez que eran ajenas a los buenos sentimientos de los trabajadores nacionales. "Es necesario que los elementos nacionales desenvuelvan sus ideas y su causa obrera dentro de procedimientos sanos y patrióticos. Los elementos extranjeros siembran ideas antipatrióticas, pretendiendo borrar el sentimiento de la patria, y predican procedimientos netamente anarquistas", afirmó el diputado Saavedra en Bolivia[25].

CUATRO CONTINENTES

Asumo en este epígrafe un sucinto recorrido que aspira a evaluar cómo las ideas anarquistas llegaron a un puñado de lugares de América, de África —a la que sumo el oriente próximo—, de Asia y de Oceanía. Ese recorrido, como la tarea —que acometeré más adelante— de examinar la relación entre movimientos anarquistas y pueblos indígenas, es el producto de la consulta de materiales relativos a más de treinta espacios geográficos que, a mi entender, aportan una información suficientemente amplia como para trazar un panorama general. Es verdad, aun así, que el autor de estas líneas en modo alguno es un experto en lo que hace a la condición de esos espacios, de tal manera que ha quedado a merced de opiniones ajenas —y de interpretaciones propias— que no está en condiciones de contrastar. Espero, de cualquier modo, que las correcciones que puedan realizarse en lo

---

24. Rodríguez García, 2014: 25.
25. Cit. en Rodríguez García, 2014: 35.

que se refiere a las afirmaciones aquí recogidas permitan dejar atrás muchas de las insuficiencias que este texto a buen seguro incorpora.

AMÉRICA

En *Canadá* y en *Estados Unidos* las ideas anarquistas fueron llevadas por inmigrantes europeos. En Quebec se hizo valer, en particular, la influencia de libertarios franceses, también la de estadounidenses, y, de manera significativa, la de trabajadores de origen judío[26]. Por lo que respecta a Estados Unidos, la lista de los lugares de origen de los anarquistas prácticamente se confunde con la de los países europeos, en el buen entendido de que en este caso han cobrado cuerpo —ya lo he señalado, y sobre ello volveré— estudios que identifican supuestas bases autóctonas del anarquismo local. En sentido contrario, lo que a los ojos de muchos expertos es la estrecha imbricación entre el anarquismo estadounidense y los de la Europa occidental vendría a justificar que con frecuencia se haya apostado por colocar a Estados Unidos en el núcleo originario del anarquismo.

En lo que se refiere a *México*[27], y al margen del ascendiente de algún pensador protoanarquista y del fourierismo[28], destacó sobremanera la figura, singularísima, de un griego, Plotino Rhodakanaty, mal que bien atraído por Fourier y por Proudhon[29]. No faltó tampoco la influencia de inmigrantes españoles —entre ellos exiliados tras la restauración de la monarquía en 1874[30]—, la del anarquismo

26. Dupuis-Déri, s. f.: 5-6.
27. Sobre América Latina véase la cronología incluida en Colectivo Alas de Xue, 2000: 203-236.
28. Cappelletti, 1990: CLXXVII.
29. Arteaga Castillo, 2005: 9.
30. Gómez-Muller, 2009: 218.

cubano y, más adelante, la del estadounidense. Nettlau echa de menos en México, con todo, una mayor presencia de inmigrantes españoles e italianos que, a su entender, habría dado un impulso mayor al anarquismo local. En tal sentido compara el escenario del país con el de Argentina y Uruguay, en donde esa presencia sí que se hizo valer[31].

En *Panamá* despuntaron flujos migratorios importantes generados por los proyectos y la obra del canal, con trabajadores procedentes de Europa, Asia y las Antillas[32]. Lo más probable es que el anarquismo lo llevasen inmigrantes de origen español, junto con franceses e italianos. Las publicaciones que llegaban de La Habana fueron también, en cualquier caso, importantes[33]. Una ley de 1904 prohibió, por otra parte, la inmigración de anarquistas[34]. En *El Salvador* quedó la huella, en la segunda mitad del XIX, de la presencia del anarquista francés Anselme Bellegarrigue[35]. En términos generales, en Centroamérica[36] es fácil apreciar el ascendiente de los anarquismos español, mexicano y panameño[37].

Por lo que a *Cuba* respecta, ya he señalado que La Habana configuró el principal centro de irradiación del anarquismo en el Caribe[38], una irradiación que alcanzó al propio territorio de Estados Unidos en Florida[39]. En la isla se manifestó la influencia del socialismo utópico español[40] y, más adelante, la del propio anarquismo hispano, que se

31. Nettlau, 2008: 33-34.
32. Cappelletti, 1990: CLV.
33. Shaffer, 2010: 278.
34. Viñas Porter, 2015: 122.
35. Jacob, s. f.
36. Taracena Arriola, 2012.
37. Cappelletti, 1990: CLVIII.
38. Viñas Porter, 2015: 219
39. Shaffer, 2010: 278 y ss.
40. Cappelletti, 1990: CLXIII.

reveló tanto en los años postreros de la colonia[41] como después. Parece que fueron también inmigrantes españoles quienes llevaron el anarquismo a Puerto Rico[42].

El anarquismo penetró en *Colombia*, procedente del Caribe y de Europa, a través de los puertos del norte del país —Cartagena, Barranquilla y Santa Marta[43]— y de la cuenca del río Magdalena[44]. Lo hizo, al menos en su versión proudhoniana, de manera muy temprana[45]. En lo que atañe a la vecina *Venezuela*, se hizo notar la presencia de algunos protoanarquistas, como "Coto" Paúl[46], la del socialismo utópico y la de seguidores de Proudhon[47]. Como suele suceder, esta suerte de pioneros no procedía de las clases populares. Aunque luego de la represión de la Comuna de París, en 1871, arribaron a Venezuela *communards* franceses que, junto con inmigrantes alemanes y suizos, crearon un primer núcleo de la Internacional[48], con el paso del tiempo se reveló ante todo el ascendiente de anarquistas españoles[49]. La expansión del anarcosindicalismo posterior mucho le debió a inmigrantes catalanes[50]. Por lo que parece, en fin, en Venezuela tuvieron su eco también las normas legales que se proponían proceder a la expulsión de inmigrantes anarquistas[51].

En *Ecuador* se verificó una llegada tardía, ya en el siglo XX, de las ideas ácratas. Más que de inmigrantes europeos se habla de literatura anarquista que se distribuía en el

---

41. Fernández, 2000: 25.
42. Viñas Porter, 2015: 99.
43. Gómez-Muller, 2009: 70-71.
44. Vitale, s. f.: 18.
45. Colectivo Alas de Xue, 2000: 203.
46. Montes de Oca, 2016: 32.
47. Montes de Oca, 2016: 44-45 y 54.
48. Montes de Oca, 2016: 63.
49. Montes de Oca, 2016: 67.
50. Montes de Oca, 2016: 91.
51. Montes de Oca, 2016: 93.

país, acompañada de la influencia de anarquistas argentinos, chilenos y, en ocasiones, y ciertamente, españoles, que habrían desembarcado en el puerto de Guayaquil[52]. Se ha referido también el eco de los escritos del peruano Manuel González Prada[53]. En el caso de *Perú* se sobreentiende, de nuevo, que la presencia de inmigrantes europeos fue reducida, aun cuando no faltó la de algunos italianos. El anarquismo peruano se benefició, aun así, de los contactos con anarquistas argentinos y, en menor medida, chilenos[54], y de la relación del mentado Manuel González Prada con españoles y franceses[55]. En lo que atañe a *Bolivia*, en fin, y de la mano de un movimiento inicialmente urbano[56], las ideas anarquistas irrumpieron, ya en el siglo XX, ante todo en virtud de los intercambios entre trabajadores bolivianos, chilenos y argentinos, y no por conducto de inmigrantes europeos. Fueron muchos los obreros bolivianos que se trasladaron para trabajar en las vecinas Chile y Argentina, y no faltaron los chilenos que pasaron a residir en Bolivia[57].

En el caso de *Chile*, y al amparo de un movimiento con menor peso que el de otros países latinoamericanos, despuntó, a partir de la década de 1880, la influencia de inmigrantes españoles y, tal vez, el ascendiente de activistas argentinos[58]. Ya sabemos que *Argentina*, en donde se abrió camino una copiosa literatura en forma de libros, folletos y revistas[59], fue el principal punto de entrada de las ideas anarquistas en América del Sur. Esas ideas las llevaron

52. Páez, 1986: 26.
53. Cappelletti, 1990: CXLV.
54. Pareja Pflücker, 2015: 66 y 7, y Hirsch, 2010: 249.
55. Hirsch, 2010: 229.
56. Rodríguez García, 2014: 9-10.
57. Gordon y Grietzar, 2013.
58. Cappelletti, 1990: LXXXIV.
59. Cappelletti, 1990: XV.

inmigrantes y refugiados franceses —huidos tras la represión de la Comuna de París—, italianos y españoles[60], así como judíos procedentes de la Europa central y oriental[61]. En el país descolló la idea, muy extendida, de que los anarquistas eran por definición agitadores extranjeros, acompañada de leyes que permitían su deportación[62]. Se registraron también intentos encaminados a dividir a los trabajadores por su origen nacional[63]. Por lo que se refiere a *Uruguay*, donde proliferaron los círculos fourieristas y proudhonianos[64], cobró cuerpo un movimiento urbano articulado ante todo por inmigrantes europeos, que en 1872 fundaron una sección de la Asociación Internacional de Trabajadores[65]. Entre esos inmigrantes no faltaron franceses que huyeron de la represión de la Comuna de París y españoles que hicieron lo propio tras el ocaso de la primera república[66]. La llegada de las ideas anarquistas a *Paraguay* fue posterior: se hizo realidad en la última década del siglo XIX[67] bajo la influencia de inmigrantes españoles y argentinos[68].

En *Brasil*, en fin, se registró la presencia de protoanarquistas, de socialistas utópicos y de proudhonianos, así como, una vez más, la de huidos de la represión de la Comuna de París[69]. Más allá de lo anterior, cabe recordar la influencia, muy poderosa, de anarquistas italianos[70] y,

60. Laforcade, 2010: 327, y Colectivo Alas de Xue, 2000: 207 y 208. Véanse también Bayer, 2009; Moreno Sainz, 2004; Munck, 1987; Oved, 1978; y Suriano, 2001.
61. Dujovne, 2008.
62. Laforcade, 2010: 330.
63. Laforcade, 2010: 335.
64. Cappelletti, 1990: LXII.
65. Adams, 2015: 58, y Colectivo Alas de Xue, 2000: 205.
66. Muñoz, 2012: 8.
67. Cappelletti, 1990: LXXVII.
68. VV AA, 2016a.
69. Cappelletti, 1990: CXII-CXIII, y Rodrigues, 2010: 3.
70. Toledo y Biondi, 2010: 365, y Viñas Porter, 2015: 102.

según los momentos y regiones, de portugueses, españoles y alemanes[71]. Menudearon en Brasil, de nuevo, los procedimientos de expulsión de anarquistas en virtud de su condición de extranjeros[72].

ÁFRICA Y EL ORIENTE PRÓXIMO

A *Egipto* el anarquismo llegó de la mano de italianos que se aposentaron en Alejandría, pero también de judíos de diverso origen y, en su caso, de griegos. Fueron anarquistas, al parecer fundamentalmente griegos e italianos, muchos de los trabajadores que se movilizaron en el canal de Suez en 1882 y 1894[73]. El anarquismo egipcio exhibió un cariz claramente urbano y solo de manera tardía, ya bien entrado el siglo XX, se expresó en lengua árabe[74]. En el norte de África se revelaron asimismo núcleos anarquistas en Túnez y Argel, fundamentalmente animados, una vez más, por italianos[75] y, cabe suponer, por franceses.

En la vecina *Palestina* se hizo valer la realidad, muy singular, de los primeros *kibbutzim*. Creados mayoritariamente por judíos europeos antes de la configuración del Estado de Israel, fueron comunidades autogestionarias, horizontales e igualitarias, entregadas al despliegue de la democracia directa, creadas al margen de cualquier supeditación legal y sin autoridad coactiva de por medio. Se asentaron, por añadidura, en la abolición de la propiedad privada y en la rotación de los trabajos, con la producción y el consumo organizados sobre bases comunales[76]. No

71. Véanse Alves de Seixas, 1992; Gordon, 1978; y Hardman, 1983.
72. Viñas Porter, 2015: 99.
73. VV AA, 2014.
74. Gorman, 2010: 15.
75. Adams, 2015: 30.
76. Horrox, 2009: 7 y 62-63, y Mellado López, 2017: 217-264. Aunque parece innegable su carácter genéricamente libertario, acaso reforzado, en los

está de más recordar, aunque el hecho nos sitúe lejos del momento cronológico que aquí interesa, que en Palestina se verificaron intentos de rechazo, entre árabes y judíos, de la creación de un Estado, intentos que acompañaron la apuesta inicial por los *kibbutzim*. Jason Adams, quien cita a Barsky, llama la atención sobre el hecho de que "los sionistas comunitarios originales se oponían a la creación del Estado, ya que esto requeriría 'repartirse el territorio y marginar, por motivos religiosos, a una parte importante de su población pobre y oprimida, en vez de unirla a partir de principios socialistas'"[77].

Si en el *Líbano* se manifestó una tradición intelectual de corte anarquizante, no parece que pueda decirse lo mismo, en cambio, de *Turquía*, país en el que hay que esperar a épocas muy cercanas, la década de 1980, para identificar movimientos anarquistas merecedores de tal nombre[78]. En *Armenia*, en suma, se hizo valer la influencia de emigrantes residentes en países occidentales, y en particular, presumiblemente, en Francia y en Estados Unidos. A principios del siglo XX destacó en especial la figura de Alexander Atabekian, quien estableció sólidos nexos con el anarcocomunismo ruso.

Por lo que a *Sudáfrica* se refiere, las ideas anarquistas fueron transmitidas por ingleses y, en buena medida, por

---

años inmediatamente posteriores a la segunda guerra mundial, por la llegada de judíos centroeuropeos de adscripción anarquista (Horrox, 2009: 112), cierto es que la deriva posterior de los *kibbutzim*, entroncados con las políticas coloniales y de *apartheid* del Estado de Israel, siguió otro camino. No solo eso: los elementos de corte libertarizante que pudieran haber pervivido experimentaron un visible acoso tras la victoria electoral del Likud en 1977, que tuvo entre sus consecuencias principales el despliegue de políticas neoliberales de mercantilización y privatización (Horrox, 2009: 93-96). Esto aparte, el movimiento anarquista israelí de hoy en día está innegablemente más interesado en la lucha solidaria con los palestinos (Gordon y Grietzar, 2013) que en lo que puedan significar los *kibbutzim* contemporáneos, percibidos como elementos centrales del *establishment* político, económico y militar israelí.

77. Adams, 2015: 72.
78. Baku, s. f.

judíos, en su mayoría también de origen inglés[79]. No faltó, con todo, la influencia de italianos y de deportados portugueses[80]. En el resto de África, y exceptuados los países ribereños del Mediterráneo, el anarquismo se hizo presente, siempre de forma débil, bien entrado el siglo XX, con manifestaciones perceptibles, aun así, en países como *Ghana*, *Nigeria* y *Zimbabwe*[81].

ASIA Y OCEANÍA

El anarquismo desarrollado en la *India* fue el producto de los vínculos urdidos con Inglaterra, Irlanda, Francia y Estados Unidos, con peso ingente de la emigración y del exilio, y en el marco de un omnipresente discurso anticolonial. Menudearon también los anarquistas indios que no ocultaron su admiración por determinadas prácticas del terrorismo anarquista europeo y por los *naródniki* rusos, y no faltó la influencia de Kropotkin sobre Aurobindo[82]. Más allá de lo anterior, una interpretación muy extendida refiere la presencia de contenidos libertarios en la cultura política, y religiosa, tradicional del país. Es el caso, por ejemplo, de la defensa de una "sociedad sin Estado" común en el primer hinduismo, al amparo de la postulación de comunidades llamadas a ejercer el autogobierno[83].

El anarquismo fue, por otra parte, la ideología dominante en el oriente asiático durante la primera fase de expansión de las ideas socialistas. Es inevitable analizar el despliegue de las ideas anarquistas en clave regional[84]: el anarquismo penetró primero por Japón —Tokio fue el

79. Walt, 2010b: 35 y 46.
80. Walt, 2010a: 182.
81. Mbah y Igariwey, 1997: 52.
82. Ramnath, 2011: 49.
83. Adams, 2015: 38; Doctor, 1964; y Marshall, 2008: 528-535.
84. Dirlik, 2010: 132.

núcleo principal de expansión, en la medida en que era una ciudad relativamente abierta a lo que llegaba de Occidente[85], pero no es de desdeñar tampoco el papel desempeñado por Osaka[86]—, por efecto de la influencia de estudiantes nipones radicados en París y de trabajadores japoneses residentes en San Francisco, en Estados Unidos. Desde Japón se expandió a China —para alcanzar los grandes puertos de la costa del Pacífico, y en particular Shanghái, pero también se hizo fuerte en Pekín y en Quanzhou, en la provincia de Fujian[87]— y a Corea. Bien es verdad que otras fuentes refieren la influencia ejercida por núcleos que, existentes en la colonia portuguesa de Macao y en Manila, la capital de Filipinas, habrían recibido la influencia del anarquismo ibérico[88]. Hay quien ha hablado de una suerte de "comunidad discurso" que habría cobrado cuerpo en un puñado de núcleos urbanos del lejano oriente[89].

De manera más precisa, en *Japón* puede identificarse la presencia de algún pensador protoanarquista, no influenciado por el anarquismo europeo. Tal fue el caso de Ando Shoeki, descrito a menudo como el William Godwin japonés[90]. Pero, con esa excepción, los restantes teóricos del anarquismo japonés se nutrieron ante todo de traducciones de Proudhon, de Bakunin y de Kropotkin[91]. En algunas ocasiones tuvieron contactos directos con contrapartes europeas. No faltaron, por lo demás, los vínculos con el mundo intelectual ruso, nihilista, populista o

85. Hwang, 2016: 57.
86. Hwang, 2016: 74 y ss.
87. Hwang, 2010: 98, y Hwang, 2016: 20.
88. Crisi, 2015: 12-13.
89. Hwang, 2016: 11.
90. García, 2013: 6.
91. García, 2013: 6-7, y Lévy, 2002.

anarquista[92]. Ya he señalado que el movimiento japonés asumió un papel predominante en la consolidación del anarquismo en el oriente asiático, y experimentó una progresiva expansión por diferentes recintos, de entre los cuales *Corea* fue, a buen seguro, muy importante[93]. Al respecto desempeñaron un papel decisivo coreanos emigrados en Tokio y Osaka, pero también en Pekín y en Shanghái. Si en el caso de China se trataba fundamentalmente de exiliados, en el de Japón predominaban los estudiantes[94]. Quede claro, con todo, que el anarquismo japonés fue, por añadidura, abiertamente contestatario de las políticas coloniales desplegadas por los gobernantes nipones.

En lo que a *China* atañe, muchas veces se ha mencionado el peso de ideas libertarizantes en la cultura política autóctona. Ahí está, por ejemplo, la defensa de un "gobierno limitado", presente en el taoísmo, en el confucianismo y en el propio budismo[95]. A los ojos de algunos estudiosos, el anarquismo chino, que bebería en buena medida de una vena propia, se habría servido también del concepto de "orden sin coacción" postulado por el taoísmo[96]. Adams subraya, con todo, que en la gestación del anarquismo local tuvieron a la postre mayor relieve las migraciones —de la mano de la presencia de comunidades chinas en Canadá, Estados Unidos, Filipinas, Francia, Japón y Singapur— y el propio colonialismo[97], a lo que cabría añadir, según Schmidt, la influencia, ya invocada, de libertarios portugueses deportados a Macao[98]. Tokio y París fueron, de cualquier modo, decisivos en la gestación del

92. Konishi, 2013.
93. Adams, 2015: 35.
94. Hwang, 2016: 8-9.
95. Zarrow, 1990: 4 y 12.
96. Adams, 2015: 26; Marshall, 2008: 509-523; y Zarrow, 1990: 6-9.
97. Adams, 2015: 26 y 29.
98. Schmidt, 2013: 9.

anarquismo chino[99]. Si en el caso de los anarquistas radicados en la capital francesa lo común fue que se manifestase un rechazo palmario de la cultura tradicional de su país de origen, en provecho de percepciones claramente europeas, los radicados en Tokio se mostraron, en cambio, más propensos a defender el pensamiento y los usos característicos de la sociedad china[100]. Como en otros escenarios asiáticos, en fin, no hay que desdeñar tampoco el ascendiente del nihilismo y de los *naródniki* rusos[101].

Mientras en *Vietnam* era fácil apreciar la influencia de exiliados que regresaban de China y Japón, y de militantes que habían residido en Francia[102], en *Filipinas* el anarquismo fue introducido por nacionales que habían vivido en España[103]. En *Taiwán*, y por lo que parece, la buena nueva ácrata llegó procedente de Japón[104], en tanto los migrantes chinos fueron, por su parte, el origen del anarquismo en *Malasia*[105] y en *Singapur*[106]. En lo que atañe a *Indonesia*, en suma, despuntó, por un lado, el ascendiente de tolstoyanos y de anarquistas cristianos holandeses, y también, en las comunidades chinas, la influencia de lo que llegaba de su país de origen, no sin que faltase la aportación de estudiantes locales que habían residido un tiempo en Europa[107]. Ya he anotado que Indonesia fue acaso una excepción, claro que parcial, a la norma general que sugiere que en Asia el anarquismo llegó a través de asiáticos que habían trabajado o estudiado en Europa o en América del Norte. El hecho de que quepa hablar de una macrorregión de

99. Dirlik, 1991: 13 y 25, y Krebs, 1998.
100. Adams, 2015: 30.
101. Zarrow, 1990: 20.
102. Crisi, 2015: 53.
103. Crisi, 2015: 53, y VV AA, 2017c.
104. Crisi, 2015: 54.
105. Crisi, 2015: 54.
106. VV AA, 2017d.
107. Damier y Limanov, s. f.

propuestas anarquistas intercomunicadas explica en un grado u otro por qué se registraron intentos de crear instancias comunes a los anarquistas del oriente asiático. Así lo atestigua, por ejemplo, la reunión organizada en Nanjing en 1927 en la que se dieron cita activistas originarios de Corea, China, la India, Japón, Taiwán y Vietnam[108].

Cerraré estas consideraciones con el recordatorio de que tanto en *Australia* como en *Nueva Zelanda* las ideas anarquistas llegaron, una vez más, de Europa y, en ocasiones, de Estados Unidos. El anarquismo australiano recibió influencias procedentes de este último país y de Inglaterra, secundariamente también de Francia[109], y algo similar ocurrió con el neozelandés[110].

108. Hwang, 2010: 121.
109. Goyens, 2015: 1, 2 y 6, y VV AA, 2018a.
110. Boraman, 2007.

CAPÍTULO 3

LOS ANARQUISMOS HÍBRIDOS

Conviene que abra un espacio para recordar que son relativamente numerosos los casos que revelarían la voluntad de adaptar las ideas anarquistas procedentes de Europa al escenario propio de cada lugar. Cierto que de la mano de conceptos de perfil no siempre claro, se ha hablado, con esa vocación, de "anarquismos híbridos", de "anarquismos mestizos" y, en alguna circunstancia, de "anarquismos criollos". Intentaré rescatar algunos ejemplos de este tipo de prácticas discursivas.

El término "anarquismo mestizo" ha sido empleado en relación con el magonismo —más adelante me ocuparé de este— mexicano, para perfilar lo que, a tono con el argumento general, quiso ser una adaptación del anarquismo a la singularidad del país[1]. Los magonistas subrayaron con frecuencia que su movimiento no era una mera repetición de las ideas de Bakunin y de Kropotkin, sino que, antes bien, había acometido un original ejercicio de adecuación de esas ideas al escenario mexicano[2]. También

1. Abad de Santillán, 2011: 8.
2. Trejo, 2010: 15.

en Puerto Rico[3] y en Colombia[4] se ha anotado en ocasiones que el anarquismo local se caracterizaba por un esfuerzo de adaptación de las percepciones de los clásicos del anarquismo. En Perú el argumento principal en provecho del carácter en buena medida independiente del anarquismo local lo ofreció el hecho, ya mencionado, de que la presencia de inmigrantes europeos fue muy reducida, con el correlato de que el anarquismo tenía, en consecuencia, y desde determinada perspectiva, hondas raíces en el país[5]. En lo que a Bolivia, por su parte, se refiere, a menudo se ha subrayado que el anarquismo incorporó, en lugar central, una memoria de las luchas autóctonas[6]. Entre determinada izquierda en Argentina no faltó, en un terreno próximo, la crítica agria con respecto a los anarquistas de origen extranjero, que no habrían sabido calibrar los rasgos característicos, singularizadores, de la vida del país[7]. A efectos de introducir una observación más que me obliga a cruzar el Atlántico, también en Egipto se hizo valer la sugerencia de la necesidad de establecer un nexo entre las formas de organización de los trabajadores autóctonos y las de los europeos, sobre la base de una ética internacionalista[8].

Bien puede apreciarse que entre los ejemplos propuestos los hay que remiten a una eventual influencia, en el despliegue del discurso anarquista, de los pueblos

3. Meléndez Badillo, 2014: 26 y 61.
4. Centro de Investigación Libertaria y Educación Popular, 2011: 195. En Colombia se ha hablado también del "socialismo mestizo", un término al parecer acuñado para retratar la debilidad teórica y programática de muchas de las fuerzas políticas locales, inmersas, desde esta perspectiva, en la laxitud de la cultura política correspondiente. Véase Centro de Investigación Libertaria y Educación Popular, 2011: 41 y 111.
5. Pareja Pflücker, 2015: 73.
6. VV AA, 2011b: 5.
7. Viñas Porter, 2015: 80.
8. Gorman, 2010: 21. Ese nexo cobró cuerpo, en particular, entre los trabajadores del tabaco, los zapateros y los sastres.

autóctonos y sus formas de vida —este primer horizonte es singularmente feraz—, como los hay que dan cuenta, sin más, y de forma menos atractiva, del designio de adaptar las ideas anarquistas, importadas, a las condiciones singulares de cada lugar. A esta disyuntiva se suma, en un grado u otro, una disputa omnipresente en el oriente asiático —sigo recorriendo kilómetros—, traducida en una confrontación entre "anarquistas antimodernistas", defensores de determinados valores tradicionales de las sociedades afectadas, y "anarquistas modernistas", más inclinados a aceptar lo que llegaba de Europa o de Estados Unidos, y más propensos a defender una revolución social que acabase con un sinfín de instancias y valores que se entendían anquilosados. Si así se quiere, por detrás de estas dos posiciones se hallaban un proyecto "nacionalista" y otro "internacionalista", y ello por mucho que se pueda sostener con rigor que el primero de esos dos proyectos las más de las veces se contentaba con emplear determinadas claves del pensamiento tradicional con la vista puesta en permitir una más rápida expansión de la propuesta anarquista. Al respecto, y como recordaré más adelante, desempeñó un papel de relieve la recuperación de pensadores que, en el pasado lejano, habrían postulado utopías agrarias, al tiempo que se manifestaba la sugerencia de que la irrupción de las potencias occidentales habría dado al traste con muchos de los elementos saludables de la vida local[9]. La confrontación que me ocupa se hizo valer, ciertamente, en Japón y en China, aun cuando no faltó tampoco en Corea[10].

9. Dirlik, 2010: 145.
10. Hwang, 2016: 32.

Pero el caso chino —como también, se verá inmediatamente, el estadounidense— aporta una luz interesante en lo que respecta a la condición de los anarquismos híbridos. Lo hace al amparo de la presunción de que nada de lo que viene de fuera carece de antecedentes sólidos en el pensamiento y en la práctica histórica en China[11], de tal manera que, en singular, y en el terreno en que me muevo, habría poderosos antecedentes que invitarían a hablar de un anarquismo de carácter autóctono. Al calor de percepciones como esta, y en paralelo, se habría adelantado la idea de que la realización del anarquismo en China no sería difícil por cuanto los cimientos del país beberían de los principios taoístas y confucianistas de la "indiferencia" y la "no interferencia", a lo que se sumaría el hecho de que de siempre el Gobierno en China habría estado alejado del pueblo y no habría suscitado sino desconfianza en este[12]. Conviene subrayar, de cualquier modo, que la mayoría de estas percepciones no acierta a ocultar el innegable origen occidental de la teorización primigenia, que al cabo sería objeto, en los hechos, de un esfuerzo de adaptación a la realidad local.

Ya he anunciado que hay que prestar atención a un último caso de interés: el estadounidense. Un reflejo llamativo del debate que ahora me atrae lo ofrece un libro de Eunice Minette Schuster publicado en 1932 y titulado *Native American Anarchism*[13]. La tesis principal vertida en esa obra señala que el desarrollo del anarquismo norteamericano le debe menos a la influencia europea que a factores autóctonos[14]. Pese a las apariencias, el texto en cuestión no se interesa por las presuntas prácticas

11. Scalapino y Yu, 1975: 26.
12. Scalapino y Yu, 1975: 65.
13. Schuster, 1932.
14. Petri, 2018: 68.

libertarias de los indígenas norteamericanos, sino por la construcción de un discurso "anarquista" autónomo en Estados Unidos. Ese discurso apenas rendiría tributo —lo haría tangencialmente en las figuras de Proudhon[15], de Stirner y de socialistas utópicos como Owen y Fourier—, de resultas, al anarquismo "europeo". En la versión de Schuster se entiende que este último se hallaría indeleblemente marcado por la perversión anarcocolectivista y anarcocomunista, muy lejos de los cimientos del anarquismo fundamentalmente individualista, en su caso influido por la religión, que habría adquirido carta de naturaleza, de manera tan venturosa como autónoma, en el norte del continente americano. Esa perversión habría sido traída, claro, por inmigrantes procedentes de Europa —alemanes, rusos, italianos, judíos[16]—, que habrían padecido con el paso del tiempo el peso de leyes de deportación como las aprobadas en 1917 y 1918[17].

Llamativamente, y como por lo demás cabía esperar, en intentos como este, encaminados a construir un anarquismo de origen estrictamente norteamericano, no hay espacio alguno para reivindicar el papel que al respecto pudiera corresponder a las poblaciones indígenas locales. No caben, por ejemplo, esos iroqueses que contaban con una propiedad en común, que también en común trabajaban y que distribuían igualitariamente los bienes, lejos de cualquier concepto de propiedad privada. En una sociedad como la iroquesa, matrilineal, eran las mujeres, por otra parte, las que dirigían las aldeas[18]. "No había leyes ni ordenanzas, *sheriffs* y alguaciles, jueces

15. Schuster, 1932: 161.
16. Schuster, 1932: 160.
17. Schuster, 1932: 175.
18. Zinn, 2005: 20.

y jurados, o tribunales y cárceles —el aparato de autoridad de las sociedades europeas—"[19]. A diferencia de lo que ocurría en estas, en suma, los indios se sentían parte integrante de la naturaleza, "de las rocas y de los árboles, de los animales y de los pájaros"[20].

19. Gary Nash, cit. en Zinn, 2005: 21.
20. Dale van Every, cit. en Zinn, 2005: 135.

CAPÍTULO 4

LAS PRÁCTICAS LIBERTARIAS DE LOS PUEBLOS INDÍGENAS

El propósito mayor de este capítulo es acopiar datos que den cuenta de la presencia de prácticas de corte libertario, desde tiempo inmemorial, y en los cinco continentes, en un sinfín de pueblos indígenas. Al respecto me interesaré por dos materias principales: mientras la primera, de manera breve, bebe del examen de lo que algunos de los clásicos del pensamiento anarquista han anotado al respecto, la segunda, más enjundiosa, recoge en esencia los conocimientos aportados por un puñado de antropólogos de prestigio. Antes, con todo, procuraré refrescar la memoria del lector en lo que hace a una cuestión de relativo interés en el marco general de este libro: la presencia de concepciones y de prácticas libertarias, con anterioridad al siglo XIX, y ahora lejos de los pueblos indígenas, en la forma de pensadores, de movimientos y de realidades de corte muy distinto.

LIBERTARIOS DESDE TIEMPO INMEMORIAL

Una buena guía para reconocer esos pensadores, movimientos y realidades que acabo de invocar la configura el libro de Ángel J. Cappelletti titulado *Prehistoria del anarquismo*[1]. En mi repaso, casi telegráfico, debo mencionar a filósofos de la Grecia clásica, como Zenón y Aristipo, o a pensadores como La Boétie, con sus consideraciones sobre la servidumbre voluntaria, vertidas en el siglo XVI. El *Tao Te King* de Lao Tsé sería, por otra parte, antes la ejemplificación de lo que significa una perspectiva política protoanarquista que un texto de carácter místico y religioso[2]. En muchas de sus manifestaciones, y en la Europa medieval, el fenómeno milenarista[3] habría reflejado un crudo enfrentamiento con la Iglesia oficial. Huss y los hussitas, o los anabaptistas, habrían defendido comunidades articuladas desde abajo, frente a la jerarquía eclesial, en tanto el franciscanismo primitivo habría ilustrado el despliegue de una relación con la naturaleza etiquetable de libertaria. Dentro del islam habrían operado también numerosas corrientes antiautoritarias e igualitarias, enfrentadas a los gobiernos[4]. Serían rastreables, en suma, claves libertarias en la conducta de movimientos como el de los *diggers* —a mediados del siglo XVII, y en Inglaterra, se lanzaron a ocupar y a cultivar tierras de las que habían sido desposeídos— y el de los *levellers* —en el mismo siglo, y de nuevo en Inglaterra, contestaron los poderes establecidos y defendieron sociedades igualitarias—.

Permitirá el lector que busque, con todo, tres concreciones significativas de este tipo de realidades. La primera, la de determinadas manifestaciones de la piratería, tiene su interés por cuanto revela lo sencillo que resulta que queden en el olvido procesos muy estimulantes. Al

1. Véase Cappelletti, 2006.
2. Morris, 2008: 43.
3. Cohn, 1970.
4. Véase VV AA, 2017b. Sobre confluencias y diálogo entre anarquismo e islam, véanse Prado, 2010, y Veneuse, 2009.

amparo de algunas de las concreciones de la piratería emergió un modelo social muy singular cuyos integrantes se enfrentaron con fuerza a las injerencias externas. En ese mundo imperaron la solidaridad y la fraternidad, las decisiones se adoptaban de forma colectiva, se compartían riesgos y ganancias —con reparto equitativo de estas últimas, y con beneficios iguales para los heridos— y se desdeñaba el propósito de acumular riquezas[5], con acogida franca a gentes de diferente origen nacional y "racial"[6]. Si los capitanes no disfrutaban de privilegios especiales y podían ser destituidos, era frecuente que se tomasen medidas contra quienes habían participado en operaciones marcadas por el código de la explotación[7]. No era infrecuente, por lo demás, que los piratas fuesen antiguos esclavos: la piratería ofrecía posibilidades de libertad desconocidas en otros ámbitos de la vida. Pese a las apariencias, en el mundo de la piratería no faltaron, en fin, aunque fueron poco numerosas, las mujeres, que comúnmente procuraban este horizonte para sortear los papeles a los que las convenciones de la época las condenaban[8]. Muchos de los piratas del Caribe acabaron por asumir el modo de vida indígena y buscaron la libertad en pequeñas islas, sin procurar la acumulación de riquezas y en el marco de fórmulas comunitarias[9].

La segunda de las concreciones anunciadas remite a la huella, aún hoy perceptible, de muchas formas medievales

5. Do or Die, 2005: 8.
6. Linebaugh y Redijer, 2012: 162 y ss.
7. Do or Die, 2005: 21 y 25.
8. Do or Die, 2005: 38-39.
9. Conviene subrayar que las manifestaciones de la piratería en el Mediterráneo se ajustaron a un orden distinto del que se reveló en el Caribe. Se concretaron ante todo en instancias —Argel, Túnez y, en la costa atlántica del actual Marruecos, Salé— que, más democráticas que los sistemas europeos al uso en el XVI, no tenían, sin embargo, ninguna dimensión de utopías libertarias. Véase Lamborn Wilson, 2003.

de organización política y social registradas en la Europa occidental. Kropotkin se refirió a la comuna medieval como "una federación de gremios y guildas, cada uno de los cuales estaba constituido por una federación de trabajadores o ciudadanos, que a su vez, como ciudades libres, se federaban regional y continentalmente con otras ciudades"[10]. Pero es el caso también, a menudo lejos de las ciudades, de los concejos abiertos y de las comunas francas. En virtud de unos y otras, las asambleas tomaban decisiones relativas a la esfera pública y a los bienes comunes, de la mano de lo que solía ser una combinación entre propiedad familiar y propiedad comunal. Al amparo de instancias como estas se hacían valer fórmulas de solidaridad y apoyo mutuo en un escenario en el que despuntaron, al tiempo, una notable libertad para las mujeres y el despliegue de milicias populares[11]. Pese a las desamortizaciones del XIX y pese a los efectos de la industrialización liberal, los concejos y los espacios comunales todavía perviven, en un grado u otro, en muchos lugares en la península ibérica[12].

No está de más que mencione, en tercer y último lugar, el caso de los gitanos. Insumisos a los poderes, empeñados en preservar sus reglas de convivencia, a menudo inmersos en operaciones de desplazamiento que rompen la lógica de los Estados y permanentemente marginados, perseguidos y castigados por estos últimos, creo que la dimensión libertaria que en muchos terrenos, y con toda evidencia, rodea a las comunidades gitanas merece un estudio detallado todavía por realizar.

---

10. Cit. en Montes García, 2015: 17.
11. Algarra Bascón, 2015: 22-23; véase también, sobre el colectivismo agrario, Costa, 1993.
12. Véanse Rodrigo Mora, 2008, y Santos Vera y Madina Elguezábal, 2012.

LOS PENSADORES ANARQUISTAS Y LAS PRÁCTICAS LIBERTARIAS DE LOS PUEBLOS INDÍGENAS

Acometo en este epígrafe un rápido repaso de las consideraciones que algunos pensadores anarquistas realizaron, a partir del XIX, en lo que respecta a la eventual presencia de prácticas libertarias en comunidades indígenas. Como se verá, la materia fue muy frecuentada en el mundo anarquista, acompañada las más de las veces por una crítica de la sociedad industrial y de sus ilusiones[13]. Conviene subrayar, con todo, que aunque los pensadores que se interesaron por los pueblos primitivos, y por sus prácticas libertarias, veían en aquellos la fuente de un conjunto de argumentos que permitían apuntalar sus teorías, no apreciaban en esas comunidades humanas, en cambio, un horizonte que correspondía literalmente imitar, toda vez que remitía a la condición de pueblos que en virtud de una mecánica aplicación del concepto de "progreso" se consideraban indefectiblemente "atrasados"[14].

En primer lugar hay que hacer referencia a los hermanos Reclus: Élie y Élisée. Élie, autor en 1885 de un libro titulado *Les primitifs* (Los primitivos)[15], escribió sobre la base de datos recogidos por viajeros y misioneros de la segunda mitad del XIX, con el empeño de subrayar que, pese al atraso mentado, los llamados "salvajes" en nada son inferiores, ni moral ni intelectualmente, a los "civilizados", y de remarcar las secuelas que se derivan del hecho de que lo que conocemos de esos pueblos nos ha llegado de la mano, durante mucho tiempo, de los invasores[16]. Por lo

13. Jarrige, 2016: 36.
14. Montañez Pico, 2018: 11.
15. Morris, 2008: 35.
16. Reclus, 2017.

que a Élisée se refiere, con relativa frecuencia se interesó por la materia que me ocupa. Así, mostró su sorpresa al encontrar en la Sierra Nevada de Santa Marta, en Colombia, allá por 1860, una república idílica que obligaba a pensar en los falansterios y en las propuestas de Owen[17]. En un texto sobre los kru de Liberia el propio Élisée procedió a retratar a estos últimos como un pueblo que rechazaba los flujos autoritarios, se oponía frontalmente al comercio de seres humanos y abrazaba formas de propiedad colectiva[18].

Sabido es que Piotr Kropotkin sostuvo que no son la libre competición y el conflicto, o no lo son en solitario, los que determinan el derrotero de las sociedades humanas, a menudo marcado, y de manera consistente, por la lógica de la solidaridad, de la cooperación y del apoyo mutuo[19]. En lo que respecta a los pueblos primitivos, Kropotkin subrayó la presencia de conductas solidarias en su vida cotidiana y en la atención a los desvalidos, apuntó el carácter sociable y amistoso de muchas de sus manifestaciones, resaltó la presencia de formas de trabajo colectivo y remarcó la frecuente ausencia de jefes[20]. Conviene llamar la atención sobre el hecho de que cuando Kropotkin buscó ilustrar sus tesis sobre el apoyo mutuo no solo se sirvió de ejemplos aportados por los cazadores-recolectores y por otros muchos pueblos "primitivos". Acopió otros que llegaban de lo ocurrido en muchas ciudades en la edad media europea o en las propias sociedades contemporáneas. Más aún, otorgó al argumento un cariz biológico en la medida en que adujo que son muy numerosos y consistentes los ejemplos de especies animales que progresan en virtud de la solidaridad y de la cooperación. Aunque

17. Colectivo Alas de Xue, 2000: 74.
18. Reclus, 2014: 194-196.
19. Morris, 2004.
20. Kropotkin, s. f.: 90-97.

Kropotkin no fue por completo ajeno a la idea de que las sociedades progresan camino de la "civilización", puso singular empeño en apuntalar la tesis de que en todas las sociedades humanas hay una tendencia hacia el apoyo mutuo[21].

En la estela de la búsqueda kropotkiniana de antecedentes libertarios en la Europa medieval, el anarquista alemán Gustav Landauer dedicó una parte de su esfuerzo a reivindicar sujetos revolucionarios que postulan una organización comunal vinculada, como ocurre en el caso de determinadas modulaciones del pueblo judío, con un impulso espiritual común[22]. Por su parte, y ya mucho más cerca en el tiempo, Murray Bookchin identificó los que a su entender eran rasgos más llamativos de las primeras sociedades tribales: la equidad, la ausencia de dominación y coacción, la propiedad comunal y el apoyo mutuo. Cierto es que para Bookchin lo importante era, una vez más, tomar nota de lo que significaban todos esos rasgos, y no buscar una mimética emulación que idealizase la condición de las sociedades de cazadores-recolectores[23]. Los anarcoprimitivistas, en suma, y entre ellos John Zerzan, sostienen que antes de la introducción de la agricultura los seres humanos vivían en pequeñas comunidades nómadas que, de carácter igualitario, carecían de jerarquías. Habría sido la irrupción de la tecnología, acompañada por la

21. Walt y Schmidt, 2009: 301. Extramuros del mundo libertario, pero muy próximo a él, William Morris, interesado por el comunismo primitivo, se volcó en el estudio de determinadas manifestaciones de proyectos anarquizantes, ante todo en la historia alemana de la edad media, y procuró determinar lo que las experiencias del pasado podrían acarrear de ilustración para el futuro (Seaman, 2003). Esto al margen, Morris, un marxista libertarizante, se pronunció en favor de la descentralización económica y rechazó en todo momento las fórmulas de carácter autoritario (Frye, 1982: 311).
22. Mellado López, 2017: 170.
23. Morris, 2008: 39.

aparición de las estructuras de poder abstracto, lo que habría generado, infelizmente, la división del trabajo y la jerarquía. La civilización resultante —la nuestra— acarrearía el desarrollo de un aparato de domesticación, control y dominación[24].

DE QUÉ HABLA LA ANTROPOLOGÍA

Son muchos los antropólogos de prestigio que se han interesado por los pueblos indígenas que han desplegado prácticas libertarias. Baste con rescatar al respecto los nombres de Edward Evans-Pritchard, de Marcel Mauss y, en determinado momento, de Alfred Radcliffe-Brown. Buena parte del trabajo de estos antropólogos se orientó al estudio de las sociedades sin Estado y plantó cara a la imagen, muy extendida, que concibe un hombre salvaje condenado a desarrollar una vida sin horizonte en virtud de su incapacidad para explotar de manera eficiente el medio natural[25].

Las consideraciones de esos antropólogos, y de otros, afectan a sociedades de orden muy dispar[26]. En ellas se dan cita realidades que, manifiestas en los cinco continentes, unas veces son cosa del pasado y otras perviven en el presente, en ocasiones se revelan en la forma de cazadores-recolectores y en otras oportunidades en la de quienes no lo son. Barclay recuerda, por dar un paso más, que hay sociedades basadas en la agricultura —así, las que han despuntado durante mucho tiempo en Islandia, entre los

24. VV AA, 2018c.
25. Clastres, 1980: 130.
26. Véanse Broome, 2010; Clastres, 2009; Dentan, 1979; Evans-Pritchard, 1971; Graeber, 2007; Leacok y Lee, 1987; Lee, 2003; Lizot, 1976; Maddock, 1974; Middleton y Tait, 1958; Overing, 1975; Reig, 2018; Shepard, 1973; Turnbull, 1962; White, 1959; y Zerzan, 1994.

bereberes o entre los santal de la India— inmersas en confederaciones descentralizadas que frisan un proyecto libertario[27]. Y hay quien ha identificado la huella de este último en algunos de los propios imperios, aun cuando lo común en estos es que se tratase de sociedades jerarquizadas, estratificadas y divididas según el eje vertical del poder político, con aristocracias y castas religiosas y militares[28]. Las cosas como fueren, lo suyo es rehuir asimilaciones fáciles. Clastres señala, por ejemplo, que una economía de caza, pesca y recolección no exige por necesidad una vida nómada. La ausencia de agricultura es compatible, por otra parte, con la sedentariedad, de tal suerte que si muchos pueblos no han desplegado sistemas agrícolas no era por incapacidad, sino por ausencia de necesidad. El propio Clastres agrega que muchas comunidades que vivían de la agricultura han decidido prescindir de esta para consagrarse de manera casi exclusiva a la caza[29]. Por lo demás, parece demostrable que hay grupos de cazadores-pescadores-recolectores, nómadas o no, que presentan los mismos rasgos que sus vecinos sedentarios entregados a la agricultura[30].

Lo anterior al margen, e iré a lo principal, ¿por qué hay que dar por descontado, conforme al criterio dominante, que el acceso a la agricultura es un inequívoco signo de progreso? ¿Por qué, en paralelo, debe concluirse que a las sociedades que no han accedido a aquella les falta, inexorablemente, algo? ¿No hay motivos sólidos para concluir, como lo hace Richard Broome, que esas sociedades habían encontrado una satisfacción razonable de sus necesidades que no reclamaba del concurso de la

27. Barclay, 1990: 93 y ss.
28. Clastres, 1980: 81.
29. Clastres, 2011: 171.
30. Clastres, 2011: 172.

agricultura?[31]. Y es que sobran los datos que invitan a concluir que las sociedades agrarias mantienen, en la mayoría de los casos, una apuesta en provecho de lo que Paul Shepard describe como homocentricidad, ilusión de omnipotencia, agresividad contra los "depredadores salvajes", ausencia de interés por las plantas y por los animales que no tienen utilidad económica, y propensión a desplegar formas de esclavitud[32]. La opción correspondiente conduce a una lamentable "humanización de la superficie terrestre y a la cancelación de todo lo que huele a salvaje[33]. El mismo Shepard llama la atención sobre la conveniencia de alejarse de la idea de que acceder a ese estadio es un proceso virtuoso, tal y como lo conciben —agrego yo— los defensores del "desarrollo"[34].

Durante mucho tiempo el fundamento inicial de muchas de las teorizaciones sobre estas comunidades humanas lo aportó el concepto de "comunismo primitivo", caracterizado, desde la perspectiva de Marx, por un escaso desarrollo de las fuerzas productivas, por el autoabastecimiento, por la propiedad colectiva de los medios de producción, por un reparto igualitario de la riqueza y por una razonable satisfacción de las necesidades. A ese concepto se sumó a menudo, por cierto, el de "anarquía ordenada" (curioso término este: como si la anarquía no hubiese de ser, por definición, ordenada). Son muchos los estudiosos que han hablado de pueblos primitivos y salvajes que se caracterizarían por la ausencia de escritura, por el empleo de tecnologías muy simples, por su reducido tamaño, por la falta de especialización y por el peso del parentesco a la

31. Broome, 2010: capítulo 1.
32. Shepard, 1973: 19-20.
33. Shepard, 1973: 237.
34. Shepard, 1973: 26.

hora de establecer las relaciones sociales[35]. Lo habitual fue que semejante descripción se completase con la convicción de que se trataba de sociedades no evolucionadas, no acabadas, y ello pese a la certificación de que en muchos casos acabaron por sobrevivir, con innegable eficacia, al acoso de la civilización occidental[36]. Y pese a la certeza de que el tránsito desde la vida "primitiva" a la "civilizada" supuso en muchas ocasiones un retroceso en materia de libertad, igualdad y fraternidad[37]. Hemos juzgado inequívocamente a esos pueblos desde la atalaya de nuestros indicadores estadísticos y de los valores que los informan. Y los hemos despreciado por cuanto obligan a cuestionar que la historia es un progreso continuado que tiene que partir por necesidad de la nada[38].

IGUALDAD, TRABAJO, ECOLOGÍA

Es verdad que los rasgos que voy a atribuir a las comunidades indígenas de prácticas libertarias no son universales: no todas ellas los reproducen uniformemente. Tiene su sentido, aun así, identificar algunos de esos rasgos de presencia muy general. Uno es, a buen seguro, el que refiere el carácter genéricamente igualitario de esas comunidades. Es muy común que, al calor del deseo de compartir y del rechazo de las estructuras de autoridad, se haya revelado un énfasis en la necesidad de propiciar la igualdad[39] y, con él, el deseo de inhibir las conductas competitivas[40]. Por detrás ha descollado el designio de atender a las

35. Maddock, s. f.
36. Montes García, 2015: 45.
37. Maddock, s. f.
38. Clastres, 2010: 29.
39. Morris, 2014: 224.
40. Barclay, 2013.

necesidades de los otros, de la mano de la entronización de una economía del don[41]. Esta última remite antes a la reciprocidad que a la caridad, en un escenario en el que compartir responde a una norma moral y a una regla de conducta adecuada[42], en los antípodas de los intereses empresariales y de las reglas del mercado[43], y muy lejos también de los cálculos interesados que buscan contraprestaciones[44]. Si la pobreza podía existir, no cabía decir otro tanto, en cambio, de la miseria.

Aunque a buen seguro que el escenario era cualquier cosa menos idílico, se acumulan los datos que sugieren que no era precisamente, como tantas veces se ha apuntado, profundamente desalentador. Diré, por lo pronto, que en la edad de la piedra se trabajaba menos horas que en etapas posteriores, incluida la nuestra[45]. Hoy en día los bosquimanos precisan menos de tres horas diarias por adulto para obtener una dieta rica en proteínas y alimentos esenciales[46]. Sahlins habla, en relación con la mentada edad de la piedra, de entre cuatro y cinco horas diarias para conseguir la comida[47]. No parece, por lo demás, que el neolítico acarrease, en comparación con el paleolítico, ganancias en materia de reducción del tiempo de trabajo[48]. Lo común es que en muchas de estas comunidades los hombres pudiesen decidir libremente cuándo, con qué intensidad y cómo trabajaban. Y a las mujeres no les faltaba libertad a la hora de decidir cuáles eran las tareas cotidianas que debían realizar y con arreglo a qué patrones[49].

41. Mauss, 2012, y Graeber, 2004: 17.
42. Service, 1979: 18.
43. Service, 1979: 22.
44. Gelderloos, 2014: 27.
45. Harris, 1988: VII.
46. Harris, 1988: 8.
47. Sahlins, 1978: 17.
48. Sahlins, 1978: 35.
49. Harris, 1988: 83.

Marvin Harris sostiene que el hombre de la edad de la piedra padecía menos enfermedades que el de muchas etapas posteriores, sobre el papel más desarrolladas, y que ingería una dieta rica en proteínas y pobre en féculas[50]. Solo en tiempos recientes han alcanzado los seres humanos una estatura igual o superior a la propia de los habitantes de la edad mencionada. Estos últimos mostraban, por otra parte, una esperanza de vida superior a la que se ha manifestado en tiempos recientes en muchas partes de África y de Asia, con tasas de mortalidad entre los cazadores que no eran más altas que las registradas después entre los agricultores[51]. Excepto la que afecta a los sexos —esta tara siempre está de por medio—, la división del trabajo apenas ganaba terreno, de tal suerte que cada individuo era polivalente y se suponía que todos los varones sabían hacer todo lo que corresponde a los varones, y que otro tanto ocurría con las mujeres[52]. Cada individuo, o al menos cada individuo de un mismo sexo y de un mismo grupo de edad, podía ser sustituido en el trabajo por otro[53]. Sin deseo de acumulación y de generación de excedentes, percibidos como inútiles[54], el escenario era —en muchos casos es— muy diferente del que acompaña a la "civilización". Al calor de esta el intercambio igualitario se diluye cuando la actividad productiva se encamina a satisfacer las necesidades de otros que no trabajan y se instaura, por añadidura, el terror de la deuda[55].

No parece razonable afirmar, en fin, que los pueblos primitivos, o la mayoría de ellos, mostraron —muestran— una notable impericia en materia de generación de

50. Harris, 1988: VI-VII.
51. Harris, 1988: 14-15.
52. Clastres, 2010: 52.
53. Barclay, 1990: 41.
54. Clastres, 2010: 53.
55. Clastres, 2011: 168.

tecnologías. Clastres recuerda que basta con echar una ojeada en un museo de antropología para percatarse del rigor en la fabricación de un sinfín de instrumentos vinculados con la vida cotidiana[56]. Concluye el mismo autor que si las comunidades primitivas prefirieron mantener una sociedad de subsistencia, no fue por falta de habilidad técnica[57]. La economía de subsistencia no acarreaba una búsqueda angustiosa de alimento y no remitía a una incapacidad sino, antes bien, a un "rechazo del exceso inútil"[58]. Esto aparte, en muchas comunidades de recolectores-cazadores se imponía la conciencia de que los pequeños objetos, fácilmente transportables, eran preferibles a los grandes[59].

OPULENCIA Y MEDIO NATURAL

Las sociedades que me ocupan son comúnmente sociedades opulentas en la medida en que satisfacen de manera sencilla las necesidades de sus integrantes, y en el buen entendido de que esa opulencia guarda una estrecha relación antes con una limitación premeditada de los deseos que con el propósito de entregarse a una producción enloquecida. "No desear es no carecer"[60], recuerda José Carlos Montes García. Sahlins ha hablado al respecto de las primeras sociedades de la abundancia[61]. No se trataba de que no pudiesen ampliar sus capacidades en materia de producción y de generación de excedentes: el meollo de la

56. Clastres, 2011: 163.
57. Clastres, 2011: 164.
58. Clastres, 2011: 166.
59. Sahlins, 1978: 12, y Service, 1979: 10.
60. Montes García, 2015: 48.
61. Clastres, 2010: 32, y Clastres, 1980: 130.

cuestión era que no deseaban hacerlo[62]. En la base descollaba una suerte de autarquía anticomercial que hacía lo posible por preservar la autonomía y la libertad propias[63]. Los integrantes de estas comunidades no eran —no son, en su caso— pobres, o al menos no lo eran si asumimos que la pobreza depende de la relación existente entre medios y fines, y remite a un *status* social estrechamente vinculado con los códigos de la civilización occidental[64]. Ninguna autoridad podía privar a nadie, por lo demás, de su sustento, de tal forma que lo habitual era que en muchas sociedades primitivas no se hablase de pobres y de ricos[65]. Un viejo lema, el que reza "dé cada uno según su capacidad; reciba cada uno según su necesidad", parece encontrar, por otra parte, un frecuente refrendo en sociedades en las cuales de él sacan provecho ancianos, niños y discapacitados[66]. En la trastienda es inevitable apreciar el ascendiente de la lógica del don, del regalo y del compartir[67].

En un terreno muy próximo cabe recordar que muchas de las comunidades que me interesan han mostrado un respeto atávico ante lo que el hombre blanco agrede una y otra vez. El salvaje no saquea: toma escuetamente lo que precisa. La economía no tiene otro objetivo que satisfacer las necesidades[68] al amparo de una relación equilibrada con el medio[69]. Los indios de América del Norte mostraban una actitud de reverencia hacia la naturaleza que les permitía, por cierto, tejer ecológicas relaciones con animales y plantas[70]. Pero el fenómeno tiene una presencia

62. Clastres, 1980: 130-131.
63. Clastres, 2010: 40.
64. Sahlins, 1978: 37.
65. Sahlins, 1978: 93.
66. Sahlins, 1978: 94.
67. Sahlins, 1978: 210.
68. Clastres, 2012: 51.
69. Sioui, 1995: 8-11.
70. Jacobs, 1973: 28.

universal y se revela en América del Sur, en África, en las islas del Pacífico o en Australia. En la trastienda es sencillo identificar el peso ingente que para estas poblaciones corresponde a una tierra que se defiende frente a la codicia del colonizador. La tierra, explica Wilbur R. Jacobs, determina las agrupaciones sociales y el *status*, al tiempo que es, claro, el medio de vida. "Si existe una prueba de la supervivencia de los pueblos nativos debe ser esta: ¿cuánta tierra ha conservado su resistencia a la invasión extranjera?"[71]. No parece de más que recuerde aquí el buen sentido de un argumento muchas veces formulado por John Zerzan: el que recuerda que "la dominación dentro de nuestra sociedad está relacionada con la dominación de la naturaleza"[72]. Beltrán Roca apostilla que con la llegada de la domesticación y de la agricultura el ser humano se sintió superior a la naturaleza y se abrió de resultas la veda para la dominación de los hombres y para la destrucción del medio natural. "No es casual que la dominación del hombre sobre la mujer, del blanco sobre el negro, del colonizador sobre el colonizado, del adulto sobre el joven, del patrón sobre el obrero, del gobernante sobre el gobernado, etc., utilice la biología como fuente de legitimidad"[73].

PODER Y DEMOCRACIA

Del examen que muchos antropólogos han realizado de tantas comunidades primitivas se deriva la conveniencia de rechazar de manera palmaria la idea de que un indicador mayor de progreso de las sociedades es el que mide la introducción paulatina de instituciones políticas o, si así

71. Jacobs, 1973: 169.
72. Cit. en Roca, 2008b: 23.
73. Roca, 2008b: 23.

se quiere, del Estado. Y se derivan, en paralelo, muchas dudas en lo que hace a la idoneidad del término "civilización", que según la versión dominante de los hechos separaría las realidades de las sociedades occidentales, y acaso también las propias de imperios como el inca y el azteca, de la condición de los salvajes que habrían poblado hasta 1492 el grueso del continente americano[74]. Las comunidades en cuestión no son sociedades sin Estado porque este, desafortunadamente, les falte: lo son en virtud de un rechazo expreso de la institución correspondiente, de tal suerte que antes que hablar de "sociedades sin Estado" habría que hacerlo de "sociedades contra el Estado"[75]. Así las cosas, este último se presenta como una modalidad posible de organización política, pero nunca como una fórmula afortunadamente insorteable. Más allá de lo anterior, repetiré que resulta poco inteligente intentar comprender las sociedades sin Estado desde el prisma de que este último es la realización lógica y natural de aquellas. Claude Roy ha subrayado al respecto el empeño de Pierre Clastres en el sentido de llamar la atención sobre cómo entre nosotros las sociedades primitivas se presentan como sociedades "sin" —sin escritura, sin historia, sin organización...—, como si estuvieran aguardando algo de lo que inexorablemente carecen[76].

Tras estudiar muchas comunidades indígenas de América del Sur, Pierre Clastres concluyó que el "jefe" de estas se halla, o se hallaba, dotado de prestigio, pero carece, en cambio, de poder. No da órdenes ni está en condiciones de transformar a los restantes miembros de su comunidad en súbditos que obedezcan. La palabra del jefe es una garantía de que su poder no constituye una

74. Clastres, 2011: 43.
75. Abensour, 2012: 8.
76. Cit. en Clastres, 2009: 298.

amenaza para la comunidad, en tanto su silencio significa lo contrario[77]. El jefe en cuestión se halla sometido a vigilancia, con el propósito de evitar que su deseo de prestigio se convierta en deseo de poder. De lo que se trata es, en otras palabras, de "prevenir que el poder se separe de la vida social"[78], y de garantizar que está al servicio de la comunidad[79]. El poder encarnado en el jefe no tiene, en cualquier caso, un carácter autoritario[80]. Jacobs recuerda, por su parte, que en las relaciones tribales existentes entre los indios norteamericanos los jefes no solían disfrutar de una apariencia de autoridad. Esto aparte, el mismo autor subraya que las lenguas habladas por esos indios no contaban —no cuentan— con palabras que reflejen en plenitud conceptos como los de despotismo, autoritarismo o dictadura[81]. En este marco hay que distinguir entre sociedades de poder no coactivo y sociedades de poder coactivo[82]. En las segundas se nos enseña, desde la infancia, a obedecer y a mandar[83]. No faltan, por añadidura, los pueblos en los cuales, sin más, no se reconoce la existencia de jefes[84]. Las decisiones son tomadas por consenso, los eventuales liderazgos se ven sometidos a sospecha y las instrucciones que llegan de arriba son objeto de rechazo[85], lejos siempre de las formas de dirección centralizada[86] y, con frecuencia, con el designio de garantizar la autonomía decisoria de cada individuo[87]. Tampoco faltan, en paralelo,

77. Clastres, 2009: 86, y Sioui, 1995: 12.
78. Morris, 2008: 40.
79. Clastres, 2011: 176.
80. Clastres, 2009: 86.
81. Jacobs, 1973: 215.
82. Abensour, 2012: 9.
83. François Bott, cit. en Clastres, 2009: 292.
84. Véase, por ejemplo, Lee, 2003: 110.
85. Graeber, 2004: 28-29.
86. Maddock, 1974: 17.
87. Morris, 2014: 222.

los ejemplos de pueblos primitivos en los cuales se despliega una percepción muy laxa de lo que significan las normas rectoras mal que bien adoptadas[88]. Y en los que —tal y como lo recuerda Wilbur R. Jacobs en relación con los indios norteamericanos— los padres educaban a sus hijos con una suave disciplina, en la medida en que estos últimos no recibían más orientación que la que asumía la forma de afectuosos consejos[89]. Claro es que de todas estas consideraciones, o de la mayoría de ellas, quedaban excluidas comúnmente las mujeres, con consecuencias indelebles, que es fácil imaginar, sobre el argumento general.

Clastres subraya que, frente a la afirmación dominante, es raro que los académicos se pregunten por el origen del poder político, algo que en buena medida se debe al hecho de que se da por descontado que la división entre dominadores y dominados es inherente a la sociedad como tal[90]. A los ojos del propio Clastres, y daré un paso más, no es la división entre ricos y pobres, entre explotadores y explotados, la que sirve de fundamento para la aparición del Estado: es, por el contrario, este —con la separación que acarrea entre quienes mandan y quienes obedecen— el que propicia esa división[91]. O, por decirlo de otra manera, es la división política la que genera la económica, y no al revés[92]. Por lo demás, una condición decisiva para evitar el surgimiento del poder político es que las comunidades correspondientes tengan un tamaño reducido, y ello tanto en cuanto a población como en lo que atañe al territorio; al respecto lo común es que estas sociedades

88. Barclay, 2013.
89. Jacobs, 1973: 215.
90. Clastres, 1980: 148.
91. Clastres, 2012: 15-16.
92. Clastres, 2012: 18.

se autorregulen demográficamente[93]. En tal sentido, y por el contrario, la institución Estado reclama crecimiento, integración, unificación y uniformización[94]. La propia ciudad es, para Clastres, una creación del Estado: cuando aparece el poder, necesita un lugar de residencia, con sus almacenes, sus cuarteles y sus templos. Allí donde hay Estado hay, también, ciudad[95]. Clastres entiende, en suma, que la ruptura decisiva entre las sociedades arcaicas, por un lado, y las históricas, por el otro, no la aportaron los cambios que acompañaron al neolítico y a la aparición de la agricultura, sino una revolución política que supuso, sí, la intensificación de la agricultura, pero, al tiempo, la aparición del Estado[96]. Este último conlleva la división de una sociedad hasta entonces unificada y arrastra la separación entre gobernantes y gobernados. "La sociedad ya no es un Nosotros indiviso, una totalidad una, sino un cuerpo fragmentado, un ser social heterogéneo"[97].

David Graeber, por su parte, ha tenido a bien recordar que muchas de las formas de autogobierno y de deliberación colectiva desaparecieron, llamativamente, cuando irrumpió la institución Estado[98], circunstancia que obliga a concluir que este último no es el portador de la democracia, sino, antes bien, su sepulturero. En la percepción de Graeber las prácticas democráticas surgen en aquellas comunidades que procuran gestionar sus asuntos al margen del Estado, tanto más cuanto que la ausencia del aparato coactivo que acompaña a este facilita esa tarea[99].

93. Clastres, 2012: 36.
94. Clastres, 2012: 20.
95. Clastres, 2012: 26.
96. Morris, 2008: 40.
97. Clastres, 2010: 85.
98. Graeber, 2008: 163.
99. Graeber, 2008: 155.

NO HAY SOCIEDADES PERFECTAS

Ya he tenido la oportunidad de señalar que no todas esas virtudes recién reseñadas se han revelado por igual en todas estas sociedades. Ahora debo agregar que estas exhibían, por añadidura, taras evidentes que obligan a concluir lo que, por lo demás, debe parecer obvio: ninguna sociedad humana es perfecta.

Si se trata de identificar problemas frecuentemente presentes, recordaré, por ejemplo, que ninguna de las comunidades que me atraen es plenamente igualitaria. Resulta común que en ellas se haga valer cierta preeminencia de los hombres sobre las mujeres —volveré inmediatamente sobre ello—, de los ancianos sobre los jóvenes, y de los "normales" sobre los "desviados"[100]. Pero hay que hablar también de la crudeza de los procedimientos de reducción de la población, que invita a los integrantes de los pueblos cazadores a prescindir de quienes no pueden moverse por sí solos o no pueden transportar los útiles requeridos[101]. Graeber, en fin, ha llamado la atención sobre la existencia, en estas comunidades humanas, de enormes variaciones y al efecto ha subrayado que hay sociedades de cazadores-recolectores en las cuales no faltan los nobles y los esclavos, de la misma forma que hay sociedades agrarias extremadamente igualitarias[102]. No

100. Gelderloos, 2014: 36. En muchas sociedades era factible, y tolerado, sin embargo, el cambio de género, con actitudes respetuosas hacia las personas que por ese cambio se inclinaban.

101. Sahlins, 1978: 34 y 36. Al amparo de un argumento llamativo, Sharif Gemie agrega como un problema —cabe discutir que sea tal— que las sociedades objeto de nuestra atención no son *conscientemente* anarquistas, algo que, desde la perspectiva de este autor, facilita su manipulación por grupos autoritarios; véase Gemie, 2013: 319 y 322. Por detrás despuntaría, al parecer, la pretensión de que una profesión de fe "anarquista" otorga un marchamo de protección que a mi entender, y sin ser descartable, no es en el modo alguno evidente.

102. Graeber, 2004: 54.

solo eso: los grupos humanos aparecen y desaparecen, y son sustituidos por otros que con frecuencia exhiben rasgos diferentes.

Claro que, puestos a buscar taras en estas sociedades, no resulta difícil identificar las dos principales: el peso que en ellas corresponde a la guerra, o en términos más generales a la violencia, y la discriminación comúnmente padecida por las mujeres. Aunque a menudo se ha entendido que la guerra se justificaba en virtud de la necesidad de hacer frente al riesgo de aparición del Estado, el peso del fenómeno, omnipresente, ilustraba al tiempo la dificultad —en su caso la imposibilidad— de aceptar la existencia del otro. Para existir y permanecer indivisa, la comunidad necesita "la figura del enemigo, en la que puede leer la imagen unitaria de su ser social"[103]. Por detrás de la guerra está, en otras palabras, la distinción entre lo nuestro y lo de los otros, en el buen entendido de que esa distinción se antoja más evidente cuanto menor control material se tiene sobre el entorno y cuanta menor seguridad caracteriza a las condiciones de vida[104]. Menudean, aun con todo, ejemplos consistentes de pueblos indígenas que consideran que todos los seres humanos son iguales. Taiaiake Alfred sugiere que esta es, sin ir más lejos, la percepción habitual entre muchos de los indios de América del Norte[105].

Por lo que a la condición de las mujeres se refiere, es fácil identificar una clara mayoría de sociedades patrilineales, no sin que falten, sin embargo, las matrilineales[106]. Hay también ejemplos de sociedades en las cuales todas las actividades de subsistencia podían ser realizadas

103. Clastres, 2010: 86.
104. Lerma Guijarro, 2017: 298-299.
105. Alfred,1999: 20.
106. Harris, 1988: 102.

indistintamente por hombres y mujeres[107]. La mayoría de las comunidades que me interesan eran, y son, por otra parte, monogámicas: la poligamia, residual, beneficiaba en exclusiva, de manera llamativa, y sin embargo, a los "líderes"[108]. Conviene anotar, en suma, y por rescatar un ejemplo de interés, que entre los inuit las mujeres disfrutaban de las mismas prerrogativas que los hombres, de tal manera que su libertad e influencia eran mayores, en cualquier caso, que las que se registran hoy en muchas sociedades[109].

Pese a lo dicho, lo común era, no obstante, que las mujeres disfrutasen de capacidades menores que las que beneficiaban a los hombres. Recordaré, por ejemplo, que, según una versión de los hechos, entre los mapuches, y antes de la llegada de los españoles, "no había autoridad fuera de la familia; familia amplia, compleja, poligámica, patriarcal"[110]. La riqueza solía medirse según el número de mujeres a disposición de cada hombre. Aun así, eran las mujeres quienes se encargaban de las actividades comerciales[111]. Aquellas han desempeñado un papel menor en el comunalismo africano, ratificado —ahora sí— por la frecuente presencia de la poligamia, y ello pese al ascendiente de fórmulas encaminadas a protegerlas y pese al hecho de que algunas sociedades mostraron rasgos matrifocales[112]. Si en muchas comunidades se atacaba a los enemigos, por otra parte, para hacerse con sus mujeres[113], no han faltado formas brutales de dominación masculina, con frecuentes castigos a las esposas y violación en grupo de

107. Gelderloos, 2014: 40.
108. Clastres, 1980: 137.
109. Barclay, 1990: 44.
110. VVAA, 2016b.
111. VVAA, 2016b.
112. Mbah y Igariwey, 1997: 33.
113. Clastres, 2010: 73.

las hembras capturadas[114]. La supremacía masculina parece guardar estrecha relación, por lo demás, con la guerra[115]. Acaso el panorama general queda bien definido por una expresión de Rita Segato, quien, tras subrayar que con toda evidencia existió un patriarcado precolonial, describe este como un "patriarcado de baja intensidad" o "de bajo impacto"[116].

PRESENCIA Y CONTEMPORANEIDAD

Tiene sentido preguntarse por la presencia real de las comunidades objeto de nuestro interés. Responderé señalando que no han sido ni marginales ni universales, en el buen entendido de que, si hay que situarlas en el marco que proporcionan estos dos horizontes, parecen acercarse más al segundo que al primero. Graeber ha tenido a bien recordar que el mundo ha estado y está jalonado de iniciativas de carácter libertario, no sin agregar que lo más probable es que cuanto más feraces sean estas menores posibilidades tendremos de conocerlas. Lo común es, por lo demás, que solo sepamos de ellas cuando se vinculan con algún tipo de violencia[117]. Las sociedades que me ocupan han ido reculando, en fin, a medida que progresaba la "civilización": cada vez es más difícil encontrar comunidades humanas no marcadas por la impronta del hombre blanco[118].

Pese a lo último que acabo de señalar, esas comunidades siguen existiendo. Permitirá el lector que rescate al

114. Harris, 1988: 55.
115. Harris, 1988: 67.
116. Segato, 2015: 21.
117. Graeber, 2004: 34.
118. Clastres, 2010: 14.

respecto dos ejemplos. El primero lo es de pueblos cazadores/recolectores que sobreviven, como es el caso de nativos de Australia, bosquimanos, ona o yahgan[119], y ello pese a estar sometidos al acoso de coacciones varias. El hecho de que estas comunidades se vean obligadas a desenvolverse en escenarios hostiles —el desierto, la tundra—, ¿es el producto de una decisión libre o, por el contrario, y como parece, se debe en buena medida al acoso colonial?[120] Recordaré que lo común es que los útiles —casi siempre de reducidas dimensiones, para poder ser transportados— que manejan sus integrantes los han producido ellos mismos, en un escenario marcado por el carácter colectivo de la organización social, por un tiempo de trabajo limitado —mucho menor, en cualquier caso, que el dedicado al ocio y a las actividades recreativas—, por el escaso sentido de la propiedad y por la certeza de que aquello que los hace pobres es lo que los hace, también, libres[121].

Mayor interés tiene, tal vez, el segundo ejemplo, recogido en un libro que cabe describir como ejemplar: *The Art of Not Being Governed. An Anarchist History of Upland Southeast Asia* (El arte de no ser gobernado. Una historia anarquista de las tierras altas del sudeste asiático), de James C. Scott[122]. En esa obra se estudian las fórmulas antiautoritarias desplegadas por la llamada "gente de las colinas", un conjunto de comunidades que se ha resistido a la irrupción del Estado y a los intentos de conquista asumidos por el imperio chino y por los traficantes de esclavos, al tiempo que ha preservado, en sus tierras, una

119. Montes García, 2015: 47.
120. Montes García, 2015: 48.
121. Montes García, 2015: 49.
122. Scott, 2009.

notable diversidad cultural y lingüística[123]. Los montañeses del Asia del sudeste estudiados por Scott habitan las tierras altas de Vietnam, Camboya, Laos, Tailandia y Birmania, y algunas áreas colindantes que forman parte de China, y configuran el área más amplia del globo en la que se dan cita gentes no plenamente incorporadas a la lógica y a las reglas de los Estados-nación[124]. Han conseguido mantenerse al margen, antes bien, de la opresión estatal que se revela a través de la esclavitud, el servicio militar obligatorio, los impuestos, el trabajo forzado, las epidemias y la guerra[125].

Las gentes que me ocupan se han beneficiado, cierto es, de un puñado de circunstancias favorecedoras, entre las que a buen seguro se cuentan lo escarpado del terreno, la movilidad de las comunidades humanas, la flexible condición étnica de estas y las estructuras de parentesco[126]. Scott identifica, en este orden de cosas, el peso de la movilidad mencionada, de la dispersión y de la posibilidad de modificar las dimensiones y el carácter de las unidades de población, los efectos de la práctica de la caza, de la recolección y del cultivo de forraje, las consecuencias de la condición igualitaria de la estructura social, merced a la propiedad colectiva de la tierra, y, en suma, las secuelas de la enorme distancia que suele separar estas comunidades y los centros estatales de poder[127]. El propio Scott, a tono con un argumento muy querido de Clastres, atribuye a estos pueblos la premeditada decisión de no dotarse de Estados propios y de no incorporarse a Estados ajenos. Este último elemento ha provocado que se vieran

123. Gelderloos, 2014: 60.
124. Scott, 2009: IX. Véase también, sobre formas de resistencia campesina, Scott, 1985.
125. Scott, 2009: IX.
126. Scott, 2009: X.
127. Scott, 2009: 279.

manifiestamente acosados, con el concurso de instrumentos varios, por estos últimos. Al amparo de lógicas imperiales, entre esos instrumentos han descollado tecnologías varias como es el caso de carreteras, puentes, ferrocarriles, aeropuertos, telégrafos, teléfonos, armas y tecnologías informáticas[128].

El hecho de que estas comunidades carezcan de una historia y de una genealogía escritas, en provecho de una historia y una genealogía orales, ha permitido un margen de maniobra mayor y ha limitado las posibilidades de intervención de instancias superiores[129]. El entorno en algo recuerda al que ha rodeado en Europa a los gitanos, que carecen de una lengua escrita consensuada pero disponen, a cambio, de una rica tradición oral (trae a la memoria, asimismo, a los cosacos, a los árabes de los pantanos y a los bosquimanos[130]). Los gitanos, que también carecen de una historia "fija", han prescindido en la mayoría de los casos de lo que se suele llamar "lugares de memoria", y entre ellos tumbas, banderas, ruinas y monumentos[131]. Las cosas como fueren, muchos observadores externos han concluido sin más que los montañeses del sudeste de Asia, como los gitanos, son "pueblos sin historia", como si la ausencia de un relato escrito acarrease la falta paralela de aquella y no fuese el producto de una premeditada, e inteligente, decisión frente a la lógica de los Estados. Esa decisión parece llamada a permitir la preservación de costumbres y usos, y a dificultar, por añadidura, que los Estados encuentren interlocutores locales[132]. No se trata, por lo demás, de pueblos a cuya condición quepa atribuir el prefijo "pre-":

128. Scott, 2009: 11.
129. Scott, 2009: 234.
130. Scott, 2009: X.
131. Scott, 2009: 235.
132. Scott, 2009: 237 y 276-277.

no son comunidades anteriores a la agricultura, a las ciudades, a la religión, a la escritura o a los valles. Scott subraya, antes bien, que sus opciones son conscientes y meditadas, y que de resultas no se plantean como la premisa para un tránsito posterior a realidades diferentes[133]. Por muchas de las razones esgrimidas, estos grupos humanos se hallan, infelizmente, eso sí, en proceso de franco retroceso o, lo que es lo mismo, en proceso de integración en un mundo en el que, en palabras de John Dunn, "la seguridad y la prosperidad dependen de las habilidades y de las buenas intenciones"[134] de quienes dirigen los Estados y otras instancias afines.

EL LEGADO DE LAS COMUNIDADES INDÍGENAS DE PRÁCTICAS LIBERTARIAS

Uno de los legados que nos dejan —y que en su caso mantienen vivo— las comunidades de prácticas libertarias es el que asume la forma de una honda y lúcida conciencia con respecto a lo ocurrido en el pasado. Creo que Marvin Harris retrata bien la cuestión:

> Con la aparición del Estado, los hombres comunes que intentaban utilizar la generosidad de la naturaleza tuvieron que conseguir el permiso de otro y pagarlo con impuestos, tributos o trabajo extra. Fueron despojados de las armas y de las técnicas de la guerra, y la agresión organizada y estas fueron entregadas a soldados-especialistas y a policías controlados por burócratas, militares, religiosos y civiles. Por primera vez aparecieron sobre la tierra reyes, dictadores, sumos sacerdotes, emperadores, primeros ministros, presidentes,

---

133. Scott, 2009: 337.
134. Cit. en Scott, 2009: 324.

gobernadores, alcaldes, generales, almirantes, jefes de policía, jueces, abogados y carceleros, junto con mazmorras, cárceles, penitenciarías y campos de concentración. Bajo la tutela del Estado los seres humanos aprendieron por primera vez a hacer reverencias, a humillarse, a arrodillarse y a saludar humildemente. La aparición del Estado significó, en muchos sentidos, el descenso del mundo de la libertad al de la esclavitud[135].

No se trató, con todo, únicamente de eso: Sahlins ha subrayado que sobre la base de argumentos de supuesto rigor biológico, vinculados las más de las veces con el concepto de "selección natural", se han venido a justificar materialmente las reglas del mercado y de la competición, en descarado provecho, por añadidura, de determinadas formas de pensar y de organizar propias de Europa y de Estados Unidos[136]. De esta suerte, algunas manifestaciones de la sociobiología han sido decisivas para convertir la selección natural en explotación social[137]. Frente a ello, la lección de Clastres nos dice, sin más, que hay sociedades que existen y florecen sin que en su seno se haga valer la división entre opresores y oprimidos, entre agentes de coacción y víctimas de esta última[138]. En semejantes condiciones, y en fin, el conocimiento de las realidades de los pueblos primitivos y, con él, el del surgimiento de la institución Estado bien puede ayudarnos a comprender qué es lo que hay que hacer para alcanzar la desaparición de esta última.

El legado que intento sopesar asume, con todo, una segunda dimensión, bien retratada por Kenneth Maddock cuando recuerda lo que parece innegable: muchas de las

135. Harris, 1988: 84.
136. Sahlins, 1976: XIV.
137. Sahlins, 1976: 73 y 91.
138. Gledhill, 1994: 14.

visiones que tenemos en relación con las comunidades humanas que me han atraído en este capítulo son "mitos sociales" que, sin embargo, tienen la virtud de recordarnos que, aquí y ahora, es posible concebir la vida humana, y actuar sobre ella, de manera diferente a la que se nos impone[139]. Esos mitos reflejan a menudo la condición de valores infelizmente ausentes en el momento presente, o, en el mejor de los casos, condenados a una manifestación marginal en espacios muy alejados. Tales valores pueden servir de revulsivo para modificar radicalmente muchas relaciones. No se trata, por lo demás, de renunciar en bruto —apostillará alguien— a las ganancias que se derivan de la "civilización": se trata de reordenarlas en provecho, cuando ello sea posible, de una vida diferente que incorpore en lugar central muchos de los elementos de autogestión, democracia directa, federalismo y apoyo mutuo que hemos ido tirando por la borda. Tampoco se trata de reproducir miméticamente el estilo de vida y las formas de organización de los "salvajes", y ello por mucho que sea cierto que existen paralelismos sugerentes entre la vida de muchos pueblos primitivos y lo que desean hacer muchos de los integrantes de las sociedades del Norte que no están anclados a un territorio, muestran interés por mantener una relación equilibrada con la naturaleza, disfrutan del tiempo libre y despliegan conductas orgullosamente asentadas en la solidaridad[140]. Pena es, en suma, que la mayoría de los pueblos indígenas entregados a prácticas libertarias hayan aportado bien poco, en ocasiones nada, en relación con una materia crucial: la de la liberación, en todos los ámbitos, de las mujeres.

139. Maddock, s. f.
140. Shepard, 1973: 277.

CAPÍTULO 5

LA RELACIÓN ENTRE EL ANARQUISMO Y LOS PUEBLOS INDÍGENAS DE PRÁCTICAS LIBERTARIAS

En este capítulo intentaré examinar la relación existente entre los anarquistas de ultramar y los pueblos indígenas que desarrollaron, en un grado u otro, prácticas libertarias. Si, en términos generales, la discusión sobre indigenismo y anarquismo es interesante, ello es así porque los nexos entre uno y otro saltan a la vista, al tiempo que lo hacen también, claro, los equívocos en la relación correspondiente.

A efectos de sopesar el vínculo mencionado tiene sentido —parece— que plantee algunas ideas iniciales. Enunciaré, por lo pronto, una tesis general: en el período objeto de mi atención (1870-1930), los anarquistas de ultramar se empeñaron a menudo en la defensa de los derechos de los pueblos indígenas —frente al expolio al que se entregaban, por ejemplo, las empresas norteamericanas o europeas— sin que en la mayoría de las tesituras se mostrasen capaces de identificar en ellos, sin embargo, prácticas libertarias. En el mejor de los casos se entendía que estas últimas remitían a un pasado lejano o, en su defecto, se estimaba que sus eventuales restos habían sido aniquilados en virtud del contacto con el mundo occidental. Cierto es, y daré un paso más, que la cercanía entre anarquistas y comunidades indígenas fue mayor, por razones obvias, en aquellos lugares en los que los primeros concebían al campesinado como agente fundamental de la revolución. Queda pendiente de determinar, por otra parte, cuál fue, en los distintos escenarios sopesados, la presencia de los integrantes de los pueblos indígenas en los propios movimientos anarquistas. No es difícil llegar a la conclusión, con todo, de que esa presencia, con algunas sonoras excepciones, fue comúnmente débil: los movimientos anarquistas tenían un carácter fundamentalmente urbano y se nutrían de militantes que, o procedían de Europa, o formaban parte de las capas de la población más occidentalizadas. Agregaré, en suma, una obviedad: en estas páginas no interesa la percepción que hoy en día pueda tener, de las comunidades indígenas y de sus posibles prácticas libertarias, un grupo o un sindicato anarquista que opere en Paraguay, en Nigeria o en Bangladesh, y ello por mucho que sea factible que esa percepción no esté necesariamente mediada por lecturas o transmisiones ideológicas. Doy, de hecho, por descontado que la relación que me ocupa es hoy, en muchos casos, a buen seguro que no en todos, consciente y fluida.

Me veo en la obligación de repetir aquí, con todo, una consideración que incluí al principio del capítulo 2: aunque para elaborar este texto he echado mano de una muestra amplia de obras que se refieren a más de una treintena de espacios geográficos, albergo muchas dudas en lo que hace a la fiabilidad y al rigor de los datos manejados. El hecho de que en un trabajo que se interesa por el anarquismo en uno u otro país no se mencione a los pueblos indígenas, o no se considere que estos han desplegado o despliegan prácticas libertarias, ¿significa sin más que estamos obligados a concluir que los anarquistas locales no mantuvieron relaciones con aquellos? En sentido contrario, el hecho de que un historiador se interese por los pueblos indígenas en una monografía sobre el anarquismo en un determinado lugar, ¿implica necesariamente que los anarquistas locales mostraron interés fehaciente por aquellos? Como ya señalé en su momento, me contentaré con recordar que espero que los datos que aquí manejo sean objeto de ratificación, de corrección o de contestación por personas con mayores conocimientos que los míos.

Las cosas como fueren, en las páginas que siguen prestaré atención a cuatro horizontes diferentes que dan cuenta de la relación entre los anarquistas de ultramar y los pueblos indígenas. Si el primero habla de una relación literalmente imposible, el segundo se refiere a lugares en los que los anarquistas no prestaron atención alguna, o esta fue muy marginal, a los pueblos indígenas, el tercero escarba en la condición de pueblos indígenas cuyas eventuales prácticas libertarias se estima fueron cosa de un pasado más o menos lejano, y el cuarto y último remite a una simbiosis entre los dos agentes que aquí me interesan. Abriré también un espacio para glosar una condición, la propia de buena parte del continente africano, que como se verá parece emplazarnos fuera del ámbito cronológico aquí perfilado. Y cerraré con una rápida consideración de la manifestación de prácticas libertarias espontáneas en el propio continente europeo.

VÍNCULOS IMPOSIBLES

Reseñaré un primer horizonte de relación o, por mejor decirlo, de no relación, que da cuenta de dos perspectivas distintas. La primera remite, sin más, a la ausencia de pueblos indígenas, y con ella, claro, a la imposibilidad de que los anarquistas implicados mantuviesen alguna relación con aquellos. Tal fue el panorama al que se enfrentaron, por ejemplo, tres anarquismos americanos: el puertorriqueño, el cubano y el uruguayo.

La segunda perspectiva sopesa escenarios en los cuales despuntan, ahora sí, pueblos indígenas que despliegan prácticas eventualmente libertarias pero, en los hechos, no hay movimientos anarquistas merecedores de tal nombre. Al margen del caso del comunalismo africano —me ocupará más adelante—, si se trata de proponer un ejemplo de esto último, ahí está el de determinadas comunidades bereberes que viven en el territorio marroquí (o en el argelino). Brahim Fillali se refiere al rechazo que han suscitado de siempre, entre sus integrantes, las diferentes instancias de los gobiernos al uso. A un argumento similar recurre Mohamed Saïl[1]. En muchas de esas comunidades, organizadas, ciertamente, conforme a un criterio étnico, se hace valer un sistema de mandatos vertebrados de abajo arriba con arreglo a fórmulas federales. A finales del XIX y principios del XX los medios de producción eran, por añadidura, colectivos, aun cuando coexistiesen con fórmulas de propiedad privada. No había, en cualquier caso, asalariados, y el trabajo se realizaba comúnmente de forma colectiva, sobre la base del apoyo mutuo y del rechazo de la explotación. Cierto es que todo lo anterior se revelaba en una sociedad patriarcal en la que la mitología y la religión desempeñaban papeles decisivos[2]. Fillali concluye que para un bereber es fácil entender el significado del federalismo anarquista, pero no lo es, en cambio, comprender el de la democracia liberal[3]. Ratificaré que en paralelo con

1. Saïl, 2009: 158-159.
2. Fillali, 2005: 2-5.
3. Fillali, 2005: 5.

el despliegue de estas comunidades no pareció haber movimiento anarquista alguno en condiciones de valorar lo que significaban.

PUEBLOS INDÍGENAS DEJADOS EN EL OLVIDO

Los casos de Chile y Argentina son, tal vez, los que mejor ejemplifican la segunda condición: la de movimientos anarquistas que apenas prestaron atención a los pueblos indígenas y a sus prácticas libertarias. Cierto es que en *Chile* se identifican vínculos entre los anarquistas y los campesinos —no necesariamente indígenas—, vínculos que desmienten que el movimiento anarquista correspondiente tuviese un carácter exclusivamente urbano. Por detrás parecía operar la conciencia de cómo a menudo los campesinos habían sido despojados de forma violenta de sus tierras[4]. Esos vínculos se desplegaron, de cualquier modo, de forma relativamente tardía, en el inicio de la tercera década del siglo XX[5]. Víctor Muñoz Cortés señala que, por su parte, las relaciones del mundo anarquista con las comunidades mapuches fueron livianas, acaso porque el primero apenas arraigó en la Araucanía, de tal forma que las áreas de implantación del anarquismo, como sucedió en Argentina, quedaban relativamente lejos[6]. Conviene subrayar, sin embargo, que es un criterio bastante extendido el que sugiere que entre los mapuches, y en un escenario lleno de contradicciones, despuntaron prácticas de corte libertario. En palabras de José Bengoa, "se estructuró una sociedad de personas libres y amantes de su libertad; una sociedad que no requirió de la

4. Allende, 2014: 73-74.
5. Muñoz Cortés, 2013: 196.
6. Muñoz Cortés, 2013: 199.

formación de un Estado omnipresente y esclavizador, una sociedad que si bien por su número y densidad podría haberse transformado en un sistema jerarquizado, lo rechazó e hizo de la independencia de sus linajes familiares una cultura"[7]. Los españoles no encontraron ningún poder centralizado, ni un rey, ni una agrupación que cobrase tributos y asignase trabajos obligatorios[8].

En una monografía como la que Eduardo Colombo dedicó al anarquismo argentino tampoco parece haber espacio para una consideración de la relación de aquel con los pueblos originarios[9]. Recuérdese que en *Argentina* los anarquistas se aposentaron casi siempre lejos de las áreas en las que pervivían los pueblos indígenas[10]. Llamativo resulta, aun así, que en relación con estos últimos no parezca haberse registrado en el anarquismo argentino un esfuerzo similar al que condujo a la reconfiguración de la figura del gaucho en provecho de sectores sociales marginales que, urbanos, y con el suburbio como meollo, aportasen una imagen distinta a la identidad nacional[11]. Lo dicho no implica que los anarquistas no desempeñasen —los desempeñaron— papeles importantes en la organización del campesinado[12]. No faltaron, por lo demás, algunos intentos de la Federación Obrera Regional Argentina (FORA) encaminados a sindicar campesinos[13] y a establecer nexos con las comunidades indígenas[14].

Pero hay otros casos similares al chileno y al argentino. Recordaré, a vuelapluma, que pese a que en *Estados*

7. Cit. en VV AA, 216.
8. VV AA, 2016b.
9. Colombo, 2000.
10. Laforcade, 2010: 324.
11. Véase Delgado, 2012.
12. Vitale, s. f.: 9.
13. Walt y Schmidt, 2009: 283.
14. Colectivo Alas de Xue, 2000: 103.

Unidos la expansión hacia el oeste puede considerarse un remedo local de la expansión colonial occidental en el conjunto del planeta[15], los anarquistas locales no parecieron prestar atención especial a lo que ocurría con muchas de las comunidades indígenas. En *Colombia*[16], en *Venezuela*[17], en *Paraguay*[18] y en *Brasil*[19] se registraron patrones más o menos similares a los invocados en relación con Chile y Argentina. Aunque los textos de Lucien van der Walt no incluyen menciones a los pueblos originarios en el caso de *Sudáfrica*[20], hay al respecto sugerencias interesantes en los de Steve Biko, quien identifica entre los pueblos negros una cultura de la solidaridad y del apoyo mutuo, el descrédito con que es obsequiado el concepto de "pobreza" y la defensa de fórmulas comunitarias alejadas del individualismo al uso[21]. Agregaré, por rescatar otros dos ejemplos que remiten a áreas geográficas distintas, que tampoco se incluyen referencias a los pueblos indígenas en trabajos que se interesan por los anarquismos de *Egipto*[22] y de *Corea*[23].

15. Petri, 2018: 70.
16. En Colombia se registró un apoyo innegable a comunidades indígenas sometidas a regímenes semifeudales; véase Colectivo Alas de Xue, 2000: 103. No menudean, con todo, las menciones a los indígenas en los trabajos sobre el anarquismo local; véase, por ejemplo, Gómez-Muller, 2009.
17. Montes de Oca, 2016.
18. En Paraguay se hizo valer una activa presencia anarquista en el mundo campesino; véase VV AA, 2016a.
19. En lo que respecta a Brasil no está de más que señale que, en uno de los cuentos recogidos en la antología de Prado, Hardman y Leal, cuando se habla de una comunidad rural llamada Acraciápolis y se intuye que puede ser una comunidad indígena, inmediatamente se descubre que la configuran europeos o descendientes de europeos, ingenieros y obreros dotados de las correspondientes sabidurías y en disposición de las tecnologías pertinentes. Véase Prado, Hardman y Leal, 2011: 41 y ss. En esa antología, llamativamente, no aparecen en momento alguno los pueblos originarios, que tampoco son mencionados en Toledo y Bioni, 2010.
20. Walt, 2010a, y Walt, 2010b.
21. Bico, 2006: 46-48.
22. Gorman, 2010.
23. Hwang, 2010.

LAS PRÁCTICAS LIBERTARIAS EN UN PASADO LEJANO

Son numerosos los lugares en los que la presencia de los pueblos indígenas y de sus prácticas libertarias fue tomada, ciertamente, en consideración, en el buen entendido de que remitía antes a la identificación de algo que se estima se reveló en un pasado lejano que a realidades palpables y contemporáneas. Propondré también un puñado de ejemplos que ilustran el vigor de esta perspectiva, y empezaré por el continente americano.

En *Quebec* se ha señalado, dentro del mundo anarquista y fuera de él, el carácter antiautoritario e igualitario de muchas de las comunidades autóctonas. Georges E. Sioui ha subrayado al respecto que "el reconocimiento mutuo entre los miembros, necesario y omnipresente en las sociedades de pensamiento circular, permite aplicar la ley del consenso, por oposición a la autoridad coercitiva que se hace valer en una sociedad de pensamiento lineal"[24]. A tono con algo ya reseñado, en esas sociedades los "jefes" no disponían de poder coactivo alguno que los capacitase para imponer una decisión o castigar a los disidentes. Ese igualitarismo político, del que ciertamente se veían excluidas las mujeres, se veía acompañado de un igualitarismo económico[25]. En este orden de cosas se ha hablado de una suerte de "anarcoindigenismo" precursor[26].

En *Colombia* y en *Venezuela* ha pervivido el recuerdo de los cimarrones, que configuraron comunidades muy abiertas, dispuestas a acoger a quien llegara, de carácter autosuficiente, sin mayores antagonismos sociales, con conductas sexuales nada regimentadas y poco propensas al

24. Cit. en Dupuis-Déri, s. f.: 4.
25. Dupuis-Déri, s. f.: 4.
26. Dupuis-Déri, s. f.: 4.

establecimiento de jerarquías[27]. Se antoja importante rescatar la historia de los cimarrones por cuanto obliga a subrayar que a menudo los generadores de experimentos alternativos no eran los indígenas autóctonos, sino integrantes de comunidades formadas por población negra que escapaba de la esclavitud, en ocasiones en combinación, ciertamente, con indígenas[28]. Algunas de las claves de un movimiento como ese se revelaron también en la rebelión liderada por Tupac Amaru II en el Virreinato del Perú, en 1780, o en la revolución haitiana de 1804[29].

Por lo que a *Brasil* respecta, es frecuente la mención de antecedentes históricos de corte libertarizante, y en singular del relativo a la formación de *quilombos*. El más destacado de estos fue, a buen seguro, y a lo largo del siglo XVII, el configurado en torno a la "república de los Palmares", de corte en cierto grado protosocialista y autogestionario[30]. Pero también se habla de iniciativas más cercanas en el tiempo, como la desarrollada en Canudos a finales del siglo XIX por antiguos esclavos que ocuparon, de nuevo al calor de un proyecto mal que bien autogestionario, determinadas haciendas[31]. Con antecedentes como estos a duras penas sorprenderá que en Brasil se hiciesen valer, de nuevo a finales del XIX, experimentos como el de la Colonia Cecilia y que no faltasen ejemplos de iniciativas que —así, la protagonizada por el francés Berthelot— intentaron promover formas de organización libertaria entre comunidades indígenas[32]. En el propio *México*, cuyo caso me atraerá en el epígrafe siguiente, los textos

27. Izard, 1988: 28, 49-50 y 54.
28. Izard, 1988: 40.
29. Flórez-Flórez, 2007: 255.
30. Cappelletti, 1990: CXIII.
31. Cappelletti, 1990: CXIV.
32. Cappelletti, 1990: CXVIII. No he encontrado, infelizmente, más información sobre esa iniciativa.

anarquistas se refirieron en ocasiones a proyectos, comúnmente descritos como "utopías", desarrollados por religiosos como Francisco Severo Maldonado, José María Alpudre o el propio cura Hidalgo, o por pensadores como Juan Nepomuceno Adorno[33].

Llamativo resulta, de cualquier modo, que en el largo listado de colonias que se abrieron camino en diferentes lugares del continente americano durante el siglo XIX y principios del XX —lo incluye el primer volumen de *Utopías libertarias americanas*—, buena parte de ellas creadas por socialistas utópicos o anarquistas, en ningún caso se hable de comunidades habitadas, total o parcialmente, por indios[34]. Cabe discutir, claro, si lo anterior lo es para bien o para mal. Si en la primera lectura reflejaría, siquiera por omisión, una manifiesta voluntad de no intrusión, en la segunda revelaría un dramático desconocimiento de lo que significaban los pueblos originarios.

Procuraré también, con todo, ejemplos que llegan de Asia. En *Rojava*, la región del norte de Siria que cuenta con una mayoría de población kurda, es fácil identificar, aun hoy, la defensa de la existencia de sociedades ancestrales de carácter "natural", no marcadas por la lógica de la mercantilización y de la burocracia, y no generadoras de proyectos individualistas fácilmente absorbibles por los Estados[35]. En lo que atañe a la *India*, y movámonos hacia el este, han despuntado antes pensadores, muy eclécticos, que movimientos, o al menos lo han hecho hasta tiempos recientes. Mookerji se refirió en 1919 a la presencia

33. Cappelletti, 1990: CLXXVI.

34. Gómez Tovar, Gutiérrez y Vázquez, 1991: 79-98. Por las comunidades existentes en América del Norte, ante todo vinculadas con el socialismo utópico y con grupos religiosos, y de nuevo con la misma percepción, se interesa Armand, 2014, quien dedica algún espacio marginal, también, a las registradas en otros ámbitos geográficos.

35. Ayboga, Flach y Knapp, 2017: 129-130.

consistente de prácticas de autogobierno local en la historia pasada del país[36]. En algunas modulaciones del anarquismo se reveló la idea, muy cara a los *naródniki* rusos, de que el alma verdadera de la India radicaba en la "aldea asiática"[37], fundamento de una sociedad alternativa que no habría de pasar por el cauce del capitalismo importado de Occidente. En otras se hizo valer el efecto de algunas relecturas de lo que significaba el hinduismo[38]. Gandhi y Tagore, por su parte, asumieron una crítica de la civilización industrial acompañada de cierto desdén por la institución Estado y por el nacionalismo consiguiente, al tiempo que se empeñaron en construir comunidades alternativas. Como por lo demás cabía esperar, fueron a menudo descritos como reaccionarios por la izquierda productivista y materialista[39]. La crítica tagoriana del capitalismo tuvo un carácter fundamentalmente moral y estético, y se materializó en la defensa de un proceso de acumulación no material, en el desdén por el consumo, en la configuración de cooperativas y en el despliegue de proyectos de desarrollo local, apuestas todas que parecían hundir sus raíces en determinados elementos de la vida india ancestral[40]. Por lo que respecta a Gandhi, procuró fortalecer el carácter rural de la sociedad, se inclinó por defender fórmulas de descentralización, subrayó la necesidad de articular proyectos no dictados en exclusiva por la lógica económica y rechazó una institución, el Estado, que entendió debía ser substituida por asociaciones cooperativas voluntarias[41]. Pese a estar influido por Kropotkin y por Tolstoi, el

36. Ramnath, 2011: 183.
37. Ramnath, 2011: 71.
38. Ramnath, 2011: 72 y 74.
39. Ramnath, 2011: 163.
40. Ramnath, 2011: 169.
41. Ramnath, 2011: 172.

carácter religioso de la apuesta de Gandhi, con la aceptación paralela del sistema de castas y el rechazo de la lucha de clases, lo alejó inequívocamente del anarquismo convencional[42].

En *China* se ha verificado una constante búsqueda de antecedentes libertarios en las comunidades ancestrales[43]. Se ha sugerido, por ejemplo, que tanto en el confucianismo como en el taoísmo se postulaba la necesidad de reducir al mínimo la intervención gubernamental en la sociedad, circunstancia que propiciaría, según una versión de los hechos, la introducción posterior del anarquismo, que solo tendría que sortear, entonces, las prácticas de obediencia comunes en la sociedad china[44]. También se procedió a recuperar pensadores que, en el pasado lejano, habrían postulado utopías agrarias que encontrarían una defensa ratificadora en los textos de Tolstoi. Y se habría observado, en paralelo, que la aparición de una economía monetaria y la irrupción de las potencias occidentales habrían dado al traste con muchos de los elementos saludables de la vida del país[45]. En la trastienda despuntaría la creencia en la existencia de una edad de oro remota de la que habría que recuperar la condición primitiva, y espontánea, de los seres humanos[46]. En China hay, en fin, una amplia tradición de anacoretas, excéntricos y rebeldes individualistas que habrían desarrollado lo que Jean Levi describe como "actitudes antisociales" en confrontación con el Estado[47].

42. Ramnath, 2011: 174.
43. Dirlik, 2010: 135.
44. Dirlik, 2010: 142.
45. Dirlik, 2010: 143.
46. Levi, 2009: 22-23.
47. Levi, 2009: 25.

En lo que al pasado de *Japón* atañe, se ha identificado la existencia de dos formas de organización popular de carácter eventualmente libertario: el myuden y el uji. El primero permitía el acondicionamiento colectivo de los futuros arrozales y constituyó una figura que pervivió con fuerza hasta el siglo XII. Con respecto al segundo, probablemente llevado al archipiélago por inmigrantes procedentes de China, se materializó hace acaso tres mil años en un procedimiento de cultivo de la tierra de carácter, de nuevo, colectivista[48]. En *Filipinas*, entre tanto, disfruta de predicamento la percepción de que el archipiélago había vivido en la prosperidad, la abundancia y una relativa paz antes de la llegada de los españoles, una visión eventualmente confirmada por estos últimos[49] y con peso, por lo demás, en muchos lugares. Cerraré este recorrido con el recordatorio de cómo Maddock, tras postular la idea de que la libertad, la igualdad y la fraternidad solo existen en los "pueblos primitivos", no parece apreciar en *Nueva Zelanda* manifestaciones de tales pueblos[50]. El autor que me ocupa defiende, eso sí, los derechos de los maoríes, a los que a menudo se ha considerado víctimas de un genuino sistema de *apartheid*[51]. Aunque esa defensa afecta también al derecho de los maoríes a disponer de sus tierras[52], no se ve acompañada de ninguna consideración del eventual despliegue de prácticas libertarias entre los integrantes de esa comunidad étnica.

48. García, 2013: 22-25.
49. Umali, 2013: 394.
50. Boraman, 2007: 16.
51. Boraman, 2007: 99.
52. Boraman, 2007: 105.

LA SIMBIOSIS ENTRE ANARQUISMO Y PUEBLOS INDÍGENAS DE PRÁCTICAS LIBERTARIAS

Es en México y en la América andina donde se registraron los ejemplos más evidentes de interrelación creativa entre los pueblos indígenas que desarrollaban, o desarrollaron, prácticas libertarias y los movimientos anarquistas que se perfilaron a finales del siglo XIX y principios del XX. Prestaré al respecto atención a los casos —en todos ellos es llamativamente sencillo identificar una influencia europea mitigada— de México, Perú y Bolivia, con alguna mención, también, al de Ecuador. No sin antes recordar que en el mundo andino, en singular, se aprecia una actitud de respeto por el medio natural que aleja las percepciones populares de la lógica inherente al capitalismo, y que concede en paralelo un papel central al ocio y al disfrute en el trabajo[53]. Hablo de algo que sigue siendo una realidad presente, en buena medida plasmada en la filosofía del "buen vivir". Rita Segato retrata adecuadamente el escenario correspondiente: sus reglas colocan "en el centro de la vida las relaciones humanas y con el medio natural; no orientan su existencia por las pautas del cálculo costo-beneficio, de la productividad, de la competitividad, de la capacidad de acumulación y de la consecuente concentración, y producen así modos de vida disfuncionales con el mercado global y proyectos históricos que, sin basarse en modelos y mandatos vanguardistas, son dramáticamente divergentes del proyecto del capital"[54]. En semejante escenario hay motivos sobrados para dar la razón a Aníbal Quijano cuando afirma que las únicas revoluciones democráticas acaecidas en América Latina han sido las

53. Vasquez, s. f.
54. Segato, 2015: 41.

registradas muchas décadas atrás en México y Bolivia, revoluciones populares, antiimperialistas, anticoloniales y antioligárquicas, enfrentadas a la colonialidad del poder[55].

MÉXICO

En el anarquismo mexicano hay una honda tradición de reivindicación de las formas de organización, y de las luchas, de las comunidades indígenas. Así, Plotino Rhodakanaty apreció en la práctica mutualista de los calpul los principios del anarquismo y pareció arribar a la misma conclusión que Kropotkin: "Todos los pueblos del mundo comparten un origen comunalista y ácrata"[56]. El propio Ricardo Flores Magón[57], el inspirador de lo que al cabo se llamó "magonismo", la más lograda de las corrientes del anarquismo local, subrayó que en las comunidades indígenas "no había jueces, ni alcaldes, ni carceleros, ni ninguna polilla de esa clase. Todos tenían derecho a la tierra, al agua para los regadíos, al bosque para la leña y a la madera para construir los jacales"[58]. Desde determinada perspectiva, y de forma más precisa, la comunalidad indígena incorpora cuatro elementos comunales: el territorio, el trabajo, el poder y el disfrute. "En la participación de hombres y mujeres en estos cuatro aspectos se manifiesta la pertenencia responsable a una colectividad y esa colectividad reconoce a los que destacan en su servicio, generándoles prestigio"[59]. Otra manera de describir la organización de los indígenas identifica, en suma, tres

55. Quijano, 2014b: 825.
56. Colectivo Alas de Xue, 2000: 101.
57. Flores Magón, 2005. Véanse Hart, 1978, y Hernández Padilla, 1988.
58. Cit. en Muñoz, Palomo y Recio, 2010: 112.
59. Maldonado, 2003: 11.

dimensiones: "La propiedad común de la tierra y el libre acceso de todos sus habitantes a los recursos naturales (bosques, agua y yacimientos); el trabajo en común, referido tanto al cultivo colectivo de la tierra como a las formas de ayuda mutua interfamiliar, y el odio a la autoridad y la no necesidad de ella"[60]. Por detrás del último de los elementos mencionados es fácil vislumbrar una firme convicción: la de que no cabe esperar nada de las instituciones.

Pero en el anarquismo mexicano despunta, por encima de todo, una idea matriz: la de que las formas de organización y de vida, contemporáneas o pretéritas, de las comunidades indígenas aportan una semilla decisiva a efectos de articular la revolución que está por venir[61]. En este orden de cosas, Diego Abad de Santillán subraya cómo a los ojos de Ricardo Flores Magón las prácticas de apoyo mutuo de muchas comunidades configuraban un antecedente y una base material para el despliegue de la autogestión agraria[62]. Para los magonistas las comunidades indígenas eran un ejemplo vivo de propiedad común de la tierra, de los bosques y del agua[63]. En las palabras del propio Flores Magón, "se ve, pues, que el pueblo mexicano es apto para llegar al comunismo, porque lo ha practicado, al menos en parte, desde hace siglos, y eso explica por qué, aun cuando la mayoría es analfabeta, comprende que mejor que tomar parte en farsas electorales para elevar verdugos, es preferible tomar posesión de la tierra, y la está tomando con grande escándalo de la ladrona

60. Maldonado, 2003: 11, y Sandoval Vargas, 2011: 154.
61. Conviene subrayar, con todo, que dentro del anarquismo mexicano no faltaron las voces que, lejos de apreciar lo que significaban las sociedades indias, veían en estas a gentes "primitivas" e irresponsables; véase Maldonado, 2003: 13.
62. Abad de Santillán, 2011: 8.
63. Trejo, 2010: 244.

burguesía"[64]. En la perspectiva del magonismo la certificación del hecho de que el pueblo mexicano no estuviese preparado para una revolución anarquista se veía contrarrestada por la percepción de que las formas de organización indígenas compensaban lo anterior[65]. De resultas, lo que a la postre se reveló fue la defensa de la propiedad colectiva, con el trabajo y el consumo realizados en común[66]. En una versión de los hechos muy extendida, y por añadidura, la comunalidad que me ocupa constituyó el obstáculo principal frente a la expansión del capitalismo, y ello hasta tal punto que objetivo mayor de este último fue, precisamente, acabar con las sociedades indígenas. En la percepción de buena parte del anarquismo mexicano la organización de estas se percibió como el fundamento de una vida sin capitalismo[67].

En el terreno de los hechos, lo suyo es recordar que los hermanos Flores Magón, Ricardo y Enrique —el magonismo fue también, por cierto, un movimiento manifiestamente masculino—, hicieron profesión de fe de indios. Dejemos hablar al segundo: "Ricardo y yo somos indios, proletarios. Nacidos y crecidos entre los pobres, somos testigos de las grandes injusticias, de la tiranía y de la explotación que han sufrido las masas. Por eso somos anarquistas comunistas"[68]. Los magonistas hicieron suya la lucha de pueblos mayas, yaquis, zoque-popolucas y nahuas, así como la de los indios de la Baja California. Es verdad, con todo, que a menudo, antes que apreciar prácticas libertarias estrictamente contemporáneas, echaron mano de la memoria oral del comunalismo indígena[69]. Lo

64. Cit. en Trejo, 2010: 244.
65. Sandoval Vargas, 2011: 156.
66. Trejo, 2010: 256.
67. Sandoval Vargas, 2011: 98.
68. Cit. en Maldonado, 2003: 4.
69. Beas y Ballesteros, 2012: capítulo 5, 3.

diré de otra manera: aunque el anarquismo mexicano mostró un claro vínculo con muy diferentes revueltas agrarias, y fue decisivo en la articulación de estas, no siempre resulta evidente que identificase prácticas libertarias en los indígenas, o que hubiese una permeabilización mutua entre pueblos originarios y anarquistas. Si bien se barruntaba el deseo de construir comunidades de corte libertario, y al respecto se postulaba, ciertamente, la autonomía de los campesinos, no salta a la vista que se interpretase, en paralelo, que esas comunidades existían ya en la realidad.

PERÚ

También en Perú se ha registrado una voluntad de recuperación de lo que antaño hacían los indígenas. Muchas veces se ha subrayado que estos labraban la tierra y recogían la cosecha en común. Y muchas veces se ha identificado, en la trastienda, una suerte de comunismo que a los ojos de los anarquistas peruanos acarreaba la posesión de tierras conforme a las necesidades de consumo de cada cual, con el trabajo realizado de forma colectiva y sin intercambio monetario, con resultado en un manifiesto bienestar económico que hacía imposible la miseria[70]. No faltó tampoco la reivindicación de lo que supusieron en el pasado los incas, con la sugerencia paralela de que, si en el presente los indígenas configuran una "raza degenerada, inculturizable, incivilizada, odiosa, viciosa, abyecta, irracional y fanática", ello es así, no en virtud de ningún rasgo étnico y biológico, sino por efecto de la conquista colonial[71]. Una percepción adicional recuerda que durante la

70. Pareja Pflücker, 2015: 212-213.
71. Pareja Pflücker, 2015: 208-209.

dominación española entre buena parte de la población indígena rebrotó una imagen saludable de lo que habían supuesto los incas, que habrían ofrecido un modelo alternativo frente al de la explotación y el exterminio[72]. Conforme a esta visión, la organización agraria "comunista" del imperio inca habría imposibilitado —dígase de nuevo— la miseria y, con ella, los delitos y los crímenes, de la mano de un escenario en el que los indios habrían escapado a los sufrimientos provocados por los españoles[73].

Importa subrayar que, ya en el siglo XX, y bajo la influencia, notable, de la revolución mexicana[74], en Perú se produjo una genuina hibridación entre anarquistas e indígenas que bebían del ascendiente inca. Esa síntesis se verificó ante todo al amparo del movimiento Tahuantinsuyo, con apoyo anarcosindicalista a los congresos indígenas[75] y presencia activa de indios en las organizaciones anarquistas[76]. Las percepciones del principal pensador del anarquismo local, Manuel González Prada —quien tuvo a bien recordar que "muchos peruanos son anarquistas sin saberlo; profesan la doctrina pero se asustan con el nombre"—[77], ejercieron una influencia notable en la visión que Juan Carlos Mariátegui desplegó en relación con la economía incaica del pasado. Esta última, una civilización de comunismo agrario, se asentaba en la certeza de que "la vida viene de la tierra" y se habría caracterizado, en palabras de César Ugarte, por la "propiedad colectiva de la tierra cultivable por el 'ayllu' o conjunto de familias emparentadas,

72. Kapsoli Escudero, 2013: 15.
73. Kapsoli Escudero, 2013: 210.
74. Pareja Pflücker, 2015: 201.
75. Pareja Pflücker, 2015: 205.
76. Hirsch, 2010: 263.
77. González Prada, s. f.: 16.

aunque dividida en lotes individuales intransferibles; la propiedad colectiva de las aguas, tierras de pasto y bosques por la marca o tribu, o sea la federación de ayllus establecidos alrededor de una misma aldea; la cooperación común en el trabajo, y la apropiación individual de las cosechas y frutos"[78]. Las comunidades correspondientes se transformaron en muchos casos, según Mariátegui, en cooperativas. Los indios no vivían inmersos, por lo demás, en un mundo marcado por la especulación ni se veían obligados a comerciar, contratar y traficar. Ello era así pese a que el escenario se veía marcado, como en tantos otros lugares, por un régimen autocrático y teocrático.

BOLIVIA

También el anarquismo boliviano asumió una identificación de la dimensión libertaria de la organización social, o de alguna de sus manifestaciones, pasadas o presentes, de los pueblos originarios. Un anarcosindicalista, Max Mendoza, señaló lo que sigue: "La cultura aymara-quichua, para mí, ya estaba en su apogeo como un sistema social socialista, anarquista, lo que se quiera llamar, porque estaba en su pleno florecimiento cultural, y la conquista de los europeos no ha hecho otra cosa que hacer ras con toda esa cultura"[79]. Lisandro Rodas, por su parte, escribió que "cuando estuve confinado en Todos Santos, yo no conocía el monte, pero he ido con uno de la misión y he convivido ahí entre ellos. No había gobierno, no había dios, no tienen autoridades de ninguna clase. El más mayor es espontáneamente el jefe y todos acatan, y él

78. César Antonio Ugarte, cit. en Mariátegui, *Siete ensayos de interpretación de la realidad peruana*, en Mariátegui, s. f.
79. Cit. en Rodríguez García, 2014: 306.

racionalmente no abusa a ninguno, no discrimina, todos tienen el mismo derecho..."[80].

El vínculo entre las comunidades aymaras y el anarquismo asumió a menudo la forma, entre las primeras, de una visión de la ley que aconsejaba concluir que esta es una mentira del Estado que no hace sino ocultar el poder de los caciques locales. En virtud de esa ley se convirtió a los indios en ciudadanos para desplegar con otros medios el pillaje y la explotación[81]. Para los indios el pasado es "civilización y respeto, dignidad y comunidad, pero también retroceso, estancamiento ocasionado por la civilización, que invadió y trastrocó la autonomía histórica de las sociedades amerindias. Aquí, la amalgama entre la doctrina anarquista y la experiencia de la opresión se hace más evidente", apostilla Silvia Rivera Cusicanqui[82]. Y por detrás se barrunta, claro, un inmenso recelo ante lo que significa un proceso "civilizador" que posibilita el abandono del legado, en forma de tierras en común, de los ancestros, en provecho de una verdadera esclavitud[83].

En las primeras décadas del siglo XX se registró en Bolivia una clara sintonía de los anarquistas con los indios, sometidos estos como estaban a un permanente ejercicio de racismo y demonización por parte de muchos de los integrantes de las clases dirigentes[84]. Los aymaras estuvieron presentes en la Federación Obrera Local de La Paz y en la Federación Obrera Internacional, creadas, respectivamente, en 1908 y 1912. En ambas se hizo evidente que los anarquistas bolivianos eran

80. Cit. en Rodríguez García, 2014: 307.
81. Rivera Cusicanqui, 2011: 15-16.
82. Rivera Cusicanqui, 2011: 18.
83. Cusicanqui, 2011: 22.
84. Viñas Porter, 2015: 181, y Rivera Cusicanqui, 2007.

plenamente conscientes de que los indios configuraban el grupo social fundamental en lo que se refiere a la emancipación general. El resultado no fue otro que una sugerente indigenización de la propuesta anarquista[85]. Desde el anarcosindicalismo se defendió, por otra parte, la recuperación de las tierras comunales, la construcción de escuelas rurales y la gestación de autoridades locales propias[86].

ECUADOR

Conforme a las fuentes que he manejado, la hibridación entre el mundo indio y el anarquismo fue menos sólida en Ecuador. Se hizo valer, aun así, una notable presencia indígena en la Federación de Trabajadores Regional, creada en 1922[87], y en la configuración de sindicatos agrarios. El periódico *Germinal*, por su parte, se interesó con frecuencia por el papel de los indios en la transformación social[88]. La denuncia de la dramática situación de estos últimos fue, en cualquier caso, frecuente[89], como lo fue la conciencia del sentido de fondo del cambio registrado en los siglos anteriores. Dejemos hablar a Narciso Véliz: "Esta civilización blanca es la que exterminó, también a sangre y fuego, la raza americana, y cambió en el nuevo mundo una civilización sabia, sencilla y humana con otra absurda, fatal y contraproducente"[90].

85. Vásquez, s. f.
86. Rodríguez García, 2014: 64.
87. Pazmiño, 2010.
88. Vasquez, s. f.
89. Páez, 1096: 43.
90. Texto de Narciso Véliz, de 1922, cit. en Páez, 1986: 128.

EL COMUNALISMO AFRICANO

La inclusión aquí del comunalismo africano responde, antes que nada, al propósito de deshacer un equívoco: en su vínculo con movimientos de corte anarquista, el fenómeno en cuestión tiene un carácter reciente, de tal forma que nos sitúa lejos del período —1870-1930— que me interesa. Considérese que en el grueso del continente africano el anarquismo se introdujo de manera tardía, casi contemporánea. Aun así, el fenómeno tiene su interés por cuanto revela la existencia presente, en ese continente, de prácticas libertarias hondamente asentadas.

El término "comunalismo" tanto sirve para retratar formas de organización de cazadores/recolectores como para describir, con carácter más general, comunidades humanas que funcionan de manera independiente unas de otras, que despliegan prácticas autogestionarias y que asumen reglas democráticas. El fenómeno se suele ver acompañado por la desaparición de las clases, la ausencia de explotación, el libre acceso a la tierra y a otros elementos de producción, la igualdad en la distribución de la riqueza y el establecimiento de fuertes vínculos de familia y parentesco. El comunalismo se asienta, por lo demás, en la primacía de las relaciones horizontales y en el peso otorgado a los ancianos[91], en el buen entendido de que las relaciones de estricta autoridad son débiles[92]. Las formas correspondientes, características de pueblos como los igbo, los nuer, los logoli o los tallensi[93], han pervivido en un continente en el que apenas se hicieron valer patrones feudales y en el que, pese a las apariencias, el esclavismo tuvo presencia

91. Shepard, 1973: 134.
92. Mbah y Igariwey, 1997: 28-29.
93. VV AA, 2014.

escasa[94]. Lo han hecho, por añadidura, y durante mucho tiempo, en escenarios marcados por la ausencia de la institución Estado, por la descentralización y por la debilidad de los flujos autoritarios[95]. Samir Amin entiende que muchas de las fórmulas que me ocupan se hallan relacionadas con el comunismo primitivo identificado por Marx[96]. Subrayaré de nuevo, con todo, que la reivindicación, desde el anarquismo africano, de las prácticas comunalistas, aunque frecuente, parece muy reciente.

Mbah e Igariwey recuerdan que algunos gobiernos africanos han abrazado políticas que en un grado u otro pretendían basarse en el sustrato comunalista. Tal fue el caso del de Nigeria en la estela de la independencia de 1960, al amparo de un programa de explotaciones agrarias que en algo recordaban, por añadidura, a los *kibbutzim* israelíes: los campesinos debían vivir con sus familias en aldeas colectivas, compartiendo los medios de producción y repartiendo de forma equitativa los bienes generados[97]. Sobre el papel algún intento de cariz similar, apenas concretado en hechos y en un escenario de carácter marcadamente autoritario, cobró cuerpo también en Libia[98]. Cabe agregar en esta rúbrica las iniciativas que pareció defender Julius Nyerere en Tanzania[99]. Los dos autores citados señalan que la mayoría de los problemas de las economías africanas contemporáneas son el producto de la colonización occidental y, con ella, del desplazamiento de las formas comunalistas de organización social[100]. En la trastienda es fácil identificar la conciencia de lo que significa la

94. Mbah e Igariwey, 1997: 33.
95. Mbah e Igariwey, 1997: 34-35 y 38.
96. Mbah e Igariwey, 1997: 34.
97. Mbah e Igariwey, 1997: 47.
98. Mbah e Igariwey, 1997: 48.
99. Mbah e Igariwey, 1997: 49.
100. Mbah e Igariwey, 1997: 79.

proliferación de "Estados fallidos" o, más aún, la certificación de que en realidad todos los Estados son fallidos.

EL SUR EN EL NORTE: ANDALUCÍA, RUSIA

Permítaseme que complete este capítulo con una consideración más prolija de una materia con la que ya me he topado: la que se refiere a la posibilidad de que en el propio escenario europeo, no ultramarino, hayan cobrado cuerpo comunidades humanas que han desplegado espontáneamente prácticas libertarias sin haber pasado, o sin haber pasado de manera consistente, por el tamiz del anarquismo ideológico-doctrinal. Esta discusión que propongo ahora frisa con otra que, aunque muy interesante, infelizmente no estoy en condiciones de afrontar: la de si cabe hablar o no, y con qué perfiles, de "pueblos originarios" en Europa.

Pese a que el listado de casos que merecerían atención es razonablemente amplio, voy a centrar mis consideraciones en los ejemplos, a mi entender sugerentes, que proporcionan determinadas manifestaciones del "anarquismo" andaluz y del "anarcocomunismo" ruso. En ambos nos encontraríamos con movimientos que, aunque formalmente incardinados en el cuerpo del anarquismo ideológico-doctrinal —el anarquismo europeo—, revelarían en la trastienda prácticas espontáneas y vivenciales que obligarían a concluir que muchos de sus integrantes se verían influidos antes por estas que por la lectura de Bakunin y de Kropotkin. De resultas, nos hallaríamos ante un fenómeno singular en virtud del cual las que en esta obra se identifican como prácticas de muchas comunidades indígenas radicadas lejos de Europa se manifestarían también, total o parcialmente, en esta última.

En el caso andaluz[101] sobran los motivos para afirmar que el anarquismo decimonónico se adaptó a formas tradicionales de organización y protesta de resultas de un proceso en el que la "espontaneidad" de la conducta era el reflejo de la libre voluntad de despliegue autónomo, lejos de Estados e instituciones, de las sociedades afectadas[102]. Así las cosas, no es que el anarquismo andaluz introdujese nuevas formas de organización y de acción: más bien se adaptó a la condición de las previamente existentes, que aconsejaban concluir, por ejemplo, que la política era una actividad amoral, que servía de catapulta para que los profesionales correspondientes pudiesen medrar en un marco de desmanes, bellaquerías y corrupción[103]. Las ideas anarquistas y anarcosindicalistas encajaban con facilidad en las nociones, y en las prácticas, de cooperación, y de intercambio de trabajo y de bienes, desarrolladas por muchos campesinos andaluces. Esas nociones, y esas prácticas, estuvieron muy presentes en la edad media, al amparo de redes que vinculaban los municipios con una suerte de forma primitiva de federalismo[104]. Uno de los campesinos de Casas Viejas, en Cádiz, entrevistados por Jerome Mintz se sirvió afirmar lo siguiente: "En 1400 no existía la propiedad privada. Los pueblos eran los

---

101. Véanse Bernaldo de Quirós, 1974; Calero, 1976; Díaz del Moral, 1967; Kaplan, 1977; Mintz, 1994; y Moreno Navarro, 1993. Pere Bosch i Gimpera ha sugerido que en la península que hoy llamamos ibérica hay dos espacios diferentes. Si el primero, el propiamente ibérico —la franja mediterránea en la que se dan cita Cataluña, las islas Baleares, Valencia, Murcia y Andalucía—, tendería al asamblearismo, al establecimiento de redes horizontales y a las confederaciones igualitarias, el segundo, el celtibérico, que abarcaría la zona interior de la meseta, se caracterizaría en cambio por la presencia de caudillismos y de estructuras jerárquicas y centralizadoras. Mientras el anarquismo habría cuajado en el primero de esos espacios, en el segundo se habría impuesto, por el contrario, el socialismo autoritario. Véase Diez, 2013: 19-20.

102. Kaplan, 1977: 230.

103. Díaz del Moral, 1967: 202.

104. Mintz, 1999: 130.

propietarios de la tierra, y organizaban un intercambio entre ellos mismos. Vivían libremente en un antiguo federalismo. Había pueblos libres que tenían el control de las cosechas, y había una administración federal. Intercambiaban los excedentes con los otros pueblos"[105]. Mintz agrega que "la siembra, los terrenos de pasto, los derechos de caza y de poner trampas, el almacenaje, el agua para los molinos y la irrigación eran compartidos por los campesinos. [...] En los llanos los segadores trabajaban en equipos y compartían la cosecha o los sueldos ganados"[106]. El escenario cambió abruptamente, sin embargo, en el siglo XIX, cuando muchas tierras comunales, divididas en parcelas, fueron vendidas en provecho de poderosos terratenientes que se hicieron también con muchas de las propiedades de la Iglesia sometidas a desamortización. Las instancias estatal-gubernamentales respaldaron obscenamente, con sus leyes y con sus fuerzas represivas, este proceso. "Anarquistas en espíritu", concluye Mintz, "los campesinos apenas necesitaban estímulos para abrazar el anarquismo de Bakunin"[107].

Con vocación similar, Isidoro Moreno Navarro señala que para explicar la fortaleza del anarquismo andaluz de finales del XIX es preciso invocar la fusión entre la tradición comunitaria, portadora de una singularísima cultura del trabajo, y el sindicalismo incipiente[108]. En este orden de cosas, el propio Moreno Navarro recuerda que la ritual invocación de un código milenarista para explicar la condición de los anarquistas andaluces subestima la comprensión, por parte de estos, de los orígenes sociales de su opresión y obvia el carácter racional y eficiente de su

105. Mintz, 1999: 130.
106. Mintz, 1999: 130-131.
107. Mintz, 1999: 134.
108. Moreno Navarro, 1993: 342 y 353.

táctica y de su estrategia[109]. El mismo autor explica, por lo demás, que esa "cultura del trabajo" recién mencionada se materializaba en un "espíritu altivo y orgulloso que no se doblega" y que percibe como iguales a quienes según las convenciones sociales se presentan como superiores, al amparo de lo que cabe entender que era una cultura alternativa a la dominante[110].

Por lo que al escenario ruso se refiere, me veo en la obligación de prestar atención a una de las grandes corrientes que operaron en el anarquismo local: el anarcocomunismo. La caracterización de este último reclama considerar, como en el caso andaluz, los antecedentes propios de un país muy singular. La reivindicación de esos antecedentes se plasmó ante todo en la forma de dos instancias: si una de ellas —la *obshina*— operó en el medio rural, la otra —el *artel*— se desplegó en el urbano[111]. La *obshina*, la comuna, era una fórmula de autogobierno que configuraba al tiempo una entidad económica, un modelo de propiedad colectiva, un sistema de impartición de justicia y, también, un órgano de control[112]. Las decisiones solían adoptarse por unanimidad, tras un esfuerzo encaminado a posibilitar los acuerdos. Entre las funciones de la comuna estaban el mantenimiento de carreteras y puentes, la atención a huérfanos, ancianos y discapacitados, la educación, las levas y la asistencia a los funcionarios foráneos. La *obshina* recaudaba fondos para desarrollar sus actividades y asignaba tareas a sus integrantes. Si la tierra era de todos y al tiempo no era de nadie, el concepto de *propiedad*, en sentido estricto, era, por otra parte, ajeno a los campesinos. Cierto es, sin embargo, que la

109. Moreno Navarro, 1993: 347-348.
110. Moreno Navarro, 1993: 355.
111. Véanse Aláyev, 2016; Atkinson, 1983; y Bartlett, 1990.
112. Shanin, 1986: 74.

obshina fue siempre una instancia manifiestamente masculina y que como tal reprodujo todas las reglas propias de la sociedad patriarcal. A los ojos de muchos campesinos configuraba, con todo, la única realidad que podían considerar propia: aseguraba la supervivencia y la reproducción de un modo de vida muy singular, al tiempo que subordinaba a una estructura colectiva buena parte de las reglas de ese modo de vida[113].

La defensa de la comuna rural y de determinadas estructuras cooperativas asentadas en las ciudades hizo que el anarcomunismo estableciera relaciones muy sólidas con un movimiento, el de los *naródniki* o populistas, con honda presencia en la Rusia de finales del XIX y principios del XX. Tanto anarcocomunistas como populistas pensaban que era imaginable una vía de transición al socialismo que no exigiese con anterioridad el despliegue, con todas sus condiciones, del capitalismo. Esa vía de transición debía beber ante todo del designio de preservar, claro que reformándolas, muchas de las instancias de base de una sociedad en la que el rechazo de la institución Estado y la admiración por las revueltas agrarias del pasado seguían ejerciendo una influencia muy poderosa. En tal sentido, el ascendiente de los clásicos del anarquismo sobre el anarcocomunismo ruso resultó ser más bien limitado. Los anarcocomunistas configuraron, por añadidura, un movimiento que asumió posiciones muy críticas con respecto a lo que significaban las ciudades y las industrias, frente a sus principales rivales, los anarcosindicalistas, que desde el punto de vista de los primeros se habían plegado a formas de ver y organizar el mundo por completo ajenas a la textura de la sociedad rusa.

113. Danilov, 1990: 299.

No solo se trataba, con todo, de la comuna rural. Conviene destacar también el peso de la economía familiar reivindicada por Aleksandr Chayánov, y ello pese a la innegable existencia de códigos egoístas en esta. Esa economía supuso en Rusia un fermento de resistencia frente a la introducción del capitalismo. No se olvide que excluía el trabajo asalariado y el beneficio, que se tradujo comúnmente en una reducción de la jornada de trabajo —en modo alguno se hacía uso de la capacidad teóricamente disponible[114]— y que ofició como una instancia eficiente para salir adelante en momentos de crisis[115]. Conforme a determinada visión de los hechos constituyó, por añadidura, un escenario propicio para el establecimiento de una cultura de la pobreza que, lejos de la miseria, acarreaba valores de límite y equilibrio[116]. En ese contexto Chayánov defendió un socialismo campesino no basado en el crecimiento unilateral del tamaño y de la productividad de las unidades agrícolas, e interpretó que los campesinos debían tomar las decisiones y aprovechar al efecto su sabiduría empírica. La huella de los usos económicos reivindicados por Chayánov es fácilmente perceptible hoy en muchas de las manifestaciones de lo que se suele llamar "economía informal", orientada hacia la subsistencia, basada en las relaciones personales, asentada en el apoyo mutuo y omnipresente en numerosas comunidades humanas en África, América Latina y Asia[117].

114. Sahlins, 1978: 88.
115. Garcia, 2017: 22-29.
116. Garcia, 2017: 29.
117. Garcia, 2017: 39-40.

CAPÍTULO 6

MODERNIDAD Y ANARQUISMO

El anarquismo es hijo, claro que un hijo disoluto, de la modernidad. No quiero castigar al lector con ninguna sesuda disquisición sobre lo que este último concepto significa. Me contentaré con recordar alguno de sus rasgos vertebradores, con la voluntad de subrayar, en paralelo, cuáles de ellos fueron acatados por el anarquismo decimonónico. Y con el propósito, en la trastienda, de señalar que en algunos casos su herencia ha llegado hasta hoy.

En lo que interesa a mi argumento principal adelantaré que una primera huella de la modernidad es la consolidación de un mundo de jerarquías y separaciones, entre las que se cuentan, por cierto, y en lugar principal, las que afectan a las mujeres. Esa consolidación se vio apoyada por instancias como el Estado y el capitalismo que, dotadas de los correspondientes aparatos represivos, otorgaron clara primacía al interés individual. En la trastienda, y en un segundo escalón, se sobreentendió que la naturaleza, inanimada, se hallaba al servicio del hombre. El hombre era, por supuesto, el europeo o, más adelante, el occidental, que, merced al concurso de la ciencia y de la técnica, se beneficiaba, y era responsable, de un permanente, lineal y unidireccional progreso[1]. Ese hombre disfrutaba, por añadidura, de un conocimiento preclaro que le otorgaba una manifiesta superioridad en comparación con los restantes seres humanos. Y en comparación, naturalmente, con los restantes animales.

LOS ENTRESIJOS DE LA MODERNIDAD

Prestaré atención somera a algunas de estas dimensiones. En relación con la cuestión de las jerarquías y las separaciones me interesa rescatar dos. La primera subraya el peso de diferentes aparatos represivos cuyo ascendiente fue cambiando con el paso del tiempo. Estoy pensando en ejércitos, policías, iglesias, escuelas y, más recientemente, medios de comunicación. Parece que puede afirmarse que en muchos casos la represión explícita, material, fue sustituida por fórmulas menos severas pero más eficientes, como las que retrata una aseveración de Steve Biko que reza que "el arma más potente en manos del opresor es la mente del oprimido"[2]. La segunda de las dimensiones anunciadas da cuenta de la permanente marginación, material y simbólica, de las mujeres, preteridas en el orden político, en el social y en el económico. Condenadas a menudo a la condición de meros objetos sexuales, su trabajo, decisivo, se vio siempre olvidado, su percepción del mundo fue objeto de desprecio, su participación en la lectura y en la escritura quedó rebajada a la nada[3], y la lengua al uso, en fin, las ninguneó. Las sociedades modernas han resultado ser manifiestamente androcéntricas, pese a su pretensión de estricta neutralidad al respecto. En ellas

1. Quijano, 2014b: 800.
2. Bico, 2006: 101-102.
3. Flórez y Flórez, 2007: 262.

la historia de las mujeres tiene tan poco peso como la historia de los pueblos colonizados.

Otro elemento de relieve, ya anunciado, fue la supeditación de la naturaleza a los intereses del hombre o, por mejor decirlo, del hombre europeo. Por detrás era fácil barruntar la creencia bíblica de que la naturaleza se halla, sin más, al servicio del ser humano, que no debe mostrar escrúpulo alguno en lo que hace a su explotación. Frente a semejante percepción, Winona LaDuke ha subrayado que las sociedades de los indígenas americanos mostraban un carácter rico y diversificado, y eran "naturales en el sentido de que funcionaban de acuerdo con la naturaleza y el entorno natural, de los que literalmente formaban parte"[4]. También en el mundo andino, y en muchas sociedades africanas, ha descollado un respeto reverencial por el medio natural, acompañado, en estos escenarios como en otros, de una crítica inevitable de lo que han supuesto los procesos de expropiación, reducción a servidumbre y exterminio[5].

Pero hay que hacer mención, al tiempo, del peso que corresponde a la ideología del progreso, concretada en la superstición de que, por efecto de los avances de la ciencia y de la técnica, y de las virtudes derivadas del trabajo, las sociedades están condenadas inexorablemente a progresar, también en el terreno social. El círculo sagrado de la vida de los indios quedaba así contrapuesto al eurocéntrico mito de la evolución y del progreso[6]. Al amparo de esa ideología quedaron legitimados la explotación, el negocio y el comercio, la modernización, la evolución y el desarrollo, en la certeza, por añadidura, de que los pueblos sometidos no podrían resistir la vorágine correspondiente, de

4. Cit. en Smith, 2013: 68.
5. Segato, 2015: 30.
6. Trigger, 1995: XI.

tal manera que, o bien perecerían en la tarea, o bien se integrarían y perderían sus rasgos de antes[7]. La diversidad, en todos los órdenes, debía quedar cancelada en virtud de un código que clasificaba los hechos conforme a un proceso histórico en el que se revelaban realidades más y menos avanzadas. En lo que respecta a estas últimas, y al calor del despliegue del proyecto colonial, estaría justificada —lo diré de nuevo— la aniquilación de los pueblos afectados, de resultas de su carácter atrasado y de su consiguiente aportación, nula, al proceso civilizatorio. Y estaría justificado el subyugamiento de esos pueblos en virtud del trabajo, que, para que nada falte, se presentaría como una obligación liberadora; el lema "el trabajo os hará libres", que aparecía recogido en la entrada de los campos de exterminio nazis, en modo alguno fue ideado por estos últimos. El blanco se presentaba entonces como un permanente maestro, enfrentado al negro, o al indio, considerados alumnos perpetuos, merced a un escenario marcado por una extrema arrogancia que convertía a los europeos, a los occidentales, en organizadores insorteables del bienestar y del progreso[8]. La parafernalia retórica correspondiente se sirvió de llamativos artificios lingüísticos:

> En la práctica y en la cultura popular, los períodos de inequidad extendida suelen ser vistos como períodos de florecimiento o "clímax" culturales. Términos tales como "colapso", "declive" o "disolución" suelen ser aplicados también por los arqueólogos y por otras personas para describir períodos de tiempo en que las jerarquías terminan. El lenguaje sobre "clímax" y "declive" cultural remite a

7. Jacobs subraya una dimensión más de este fenómeno cuando llama la atención sobre cómo se obligó a los indios norteamericanos a adquirir bienes que con toda evidencia no necesitaban; véase Jacobs, 1973: 218.
8. Biko, 2006: 26.

nociones victorianas de progreso, identificado con el Estado, como opuesto a nociones más activas que hablan de sociedades contra el Estado. Perspectivas alternativas revelan las complejas y a veces conflictivas luchas de la humanidad contra las rígidas acciones del poder en las sociedades verticales. Muchos de los llamados "colapsos" en el pasado fueron períodos de grandes afirmaciones de autonomía local enfrentadas a centralizaciones de poder hegemónicas[9].

Identifico un rasgo más en la modernidad: el empleo premeditado, e interesado, de conceptos y categorías que pretenden tener un carácter general vinculado con un modelo que, cerrado, debe ser aplicado universalmente. Recuérdese que la idea de Europa, de la mano de un activo proceso de invención de una tradición, se ha identificado a menudo, desde mucho tiempo atrás, con las de "gobierno", "justicia", "cultura" y "ciencia"[10]. Y téngase presente el relieve de conceptos como los de ciudadanía, Estado, sociedad civil, esfera pública, derechos humanos, igualdad ante la ley, individuo, distinción entre lo público y lo privado, sujeto, democracia, soberanía popular, justicia social, racionalidad científica...[11]. Salta a la vista que muchos de esos conceptos no tienen cabida, o exhiben significados diferentes, comúnmente soslayados, en unas y otras regiones del planeta. En realidad no solo se trata de eso: mientras el colonizador europeo imponía esos conceptos, las más de las veces negaba en la realidad sus consecuencias materiales[12]. En la trastienda despuntaba el lado oscuro, indeleblemente relacionado con la modernidad, que aportan genocidios, ecocidios, sexismos y racismos[13].

---

9. Colectivo Cucharín Negro, 2017: 32.
10. Petri, 2018: 28.
11. Chakrabarty, 2000: 4.
12. Chakrabarty, 2000: 4.
13. Véase Mignolo, 2011.

Cerraré estas consideraciones con una observación sobre la idea de superioridad. La supuesta superioridad occidental —nada evidente, por cierto, en el siglo XVI, como lo atestiguan muchas comparaciones— justificaría la colonización y, con ella, el despliegue de un sinfín de hechos de violencia saldados a menudo con el exterminio de pueblos enteros. Por detrás se aprecia la necesidad imperiosa de negar a los otros, a aquellos a los que falta conocimiento y capacidad de inventiva, frente al carácter indeleblemente creativo e innovador de Europa[14]. Y se revela una incapacidad paralela para entender otras formas sociales y culturales, y para dejarse influir por ellas. Con frecuencia se sostendrá sin más que los territorios colonizados o colonizables están vacíos, o están poblados, en el mejor de los casos, por nómadas, gentes que no pueden plantear ninguna reivindicación sobre las tierras correspondientes[15]. Aníbal Quijano ha señalado al respecto, en fin, el peso ingente de una estructura etnorracial configurada a partir del siglo XVI por la jerarquía europea y enfrentada a lo no europeo[16].

Así las cosas, el mundo se ordena en torno a un centro lleno de capacidades y una periferia carente de ellas[17]. A los ojos de Blaut, los rasgos del centro son los que siguen: capacidad para inventar, racionalidad, intelecto, pensamiento abstracto, razonamiento teórico, mente, disciplina, madurez, carácter sano, ciencia y progreso. Los de la periferia, en cambio, se resumen así: preferencia por la imitación, irracionalidad, primacía de las emociones y del instinto, pensamiento concreto, razonamiento empírico y práctico, interés por el cuerpo

14. Blaut, 1993: 12.
15. Blaut, 1993: 25.
16. Castro-Gómez y Grosfoguel, 2007a: 17.
17. Blaut, 1993: 12.

y la materia, espontaneidad, infantilismo, carácter insano, brujería y estancamiento[18]. Las secuelas de este esquema de superioridad-inferioridad se manifiestan a través de pares como los que hablan de Occidente-Oriente, civilizado-primitivo, científico-mágico/mítico, racional-irracional y moderno-tradicional[19]. El propio Blaut subraya que el eurocentrismo no es un mero prejuicio o actitud del que es fácil liberarse de la misma manera que sería sencillo hacer lo propio con determinados rasgos vinculados con el racismo, el sexismo o la religión. Se trata, antes bien, de una forma de concebir el mundo que permea poderosamente la ciencia, el discurso académico y la opinión de los expertos, siempre sobre la base, claro, de que su sustento son "los hechos"[20] y de que su materialización es, de resultas, neutra y externa al mundo[21].

LO QUE HICIMOS CON LOS INDÍGENAS

El primer rasgo de la relación del mundo europeo con los pueblos indígenas fue, con toda evidencia, la violencia. "Cuando nuestros antepasados británicos se apoderaron de esta tierra la calificaron de 'vasta e inocupada'; en realidad conquistaron al pueblo aborigen por la fuerza de las armas, las enfermedades, el hambre y la destrucción de la sociedad. Heredamos un imperio colonial que en buena medida fue edificado por la fuerza y por una profunda y permanente creencia en la superioridad del pueblo británico y sus instituciones"[22]. A lo que en muchos casos fue

18. Blaut, 1993: 17.
19. Quijano, 2007: 211.
20. Blaut, 1993: 9.
21. Segato, 2015: 50.
22. A. Barrie Pittock, cit. en Jacobs, 1973: 185.

un propósito firme de exterminio —habida cuenta, se aducía, de la sinrazón y del carácter inútil de los indígenas y de sus formas de vida y organización— se sumaron daños irreparables en lo que respecta a los ecosistemas, de la mano de un proceso que dificultó sensiblemente la preservación de las formas de vida autóctonas. La explotación y el exterminio se vieron acompañados, por lo demás, por el deseo de imponer la percepción europea sobre lo que son, o lo que deben ser, la felicidad y el bienestar, en abierta desatención de la ajena[23]. En palabras de Alberto Memmi, "los europeos han conquistado el mundo porque su naturaleza los predisponía para ello, mientras que los no europeos fueron colonizados porque su naturaleza los condenaba a ello"[24].

El colonizador asumió un retrato manifiestamente despectivo del colonizado, de tal suerte que este último fue descrito como lascivo, perezoso, sucio, violento, traidor[25], salvaje, supersticioso, fanático y merecedor de desprecio[26]. Reflejo de todo lo negativo, el colonizado quedaba lejos de quien, liberado, emitía el juicio correspondiente, en virtud de un permanente recordatorio de lo que significaba la civilización europea, siempre entendida como dominante y superior, frente a la barbarie característica de la historia de los indígenas[27]. El papel desempeñado al respecto por los historiadores lo retrató con finura Thoreau: "Al escribir sus historias de este país se han desembarazado de ese desecho de la Humanidad [los indios]... que ensuciaba y contaminaba la costa y el interior... Sucede con frecuencia que el historiador, aunque

23. Sioui, 1995: 71-73.
24. Memmi, 2017: 104.
25. Jacobs, 1973: 20.
26. Fanon, 2002: 202.
27. Fanon, 2002: 203.

se considere más humano que el trampero, el hombre de las montañas o el buscador de oro, quienes disparan contra el indio como si se tratara de una bestia salvaje, muestra real y prácticamente, manejando la pluma en vez del fusil, una inhumanidad semejante"[28]. Alberto Memmi ha completado el argumento con el recordatorio de que el colonizado procura esconder su pasado, sus tradiciones y sus raíces, que considera infamantes[29].

Para que nada falte, a menudo se abrió camino la utilización de un plural que obligaba a concluir que todos los integrantes de la comunidad colonizada eran iguales[30]. Por razones que saltan a la vista, el colonizado no estaba en condiciones de elegir su condición, privado como se hallaba de su libertad[31], y se sobreentendía, por añadidura, que era incapaz de autogobernarse[32]. En paralelo se olvidaban los muy numerosos y consistentes datos que invitaban a recelar de esas descripciones, y entre ellos los que daban cuenta del carácter frecuentemente tranquilo y no violento de los indios, frente a la condición de muchos blancos. Entre las secuelas de este escenario, del lado del colonizado, se contaron, en fin, según Fanon, un acendrado complejo de inferioridad, la neurosis y una manifiesta alienación[33]. Ante semejante escenario se revelan hoy, y sigo con Fanon, algunos riesgos. Uno de ellos es el de que el discurso contestatario se convierta en una mera inversión del discurso colonizador y comparta con este, no sin paradoja, su sistema de valores. Otro asume la forma de una concentración abusiva en los problemas de las culturas colonizadas en inquietante desatención de la trama

28. Henry D. Thoreau, cit. en Jacobs, 1973: 35.
29. Memmi, 2017: 138.
30. Memmi, 2017: 104.
31. Memmi, 2017: 105.
32. Memmi, 2017: 114.
33. Cit. en Coulthard, 2014: 140.

económica subyacente, indeleblemente marcada, como cabe esperar, por la lógica del capitalismo[34]. Y en detrimento de una consideración profunda de la tétrica situación que atenaza a las mujeres.

Claro es que, y daré un paso más, a menudo la colonización fue concebida, no como un derecho, sino como una obligación moral que invitaba a educar a los nativos y a emplazarlos en el camino del progreso, siempre sobre la base de que los eventuales derechos de propiedad que pudieran asistir a aquellos tenían un carácter nebuloso y maleable[35]. Buena parte de las raíces del "problema indio" remitía al hecho de que se entendía que los indios eran responsables de la ausencia de progreso económico, con lo que los colonos estaban obligados a subyugarlos[36]. Sobre mimbres como estos se han levantado muchos de los cimientos de las políticas que los Estados poscoloniales han abrazado en relación con las comunidades indígenas. El discurso de la tolerancia y del diálogo postulado por muchos gobiernos no consigue ocultar que por detrás sigue perviviendo un proyecto encaminado a destruir la vitalidad y la autonomía de las formas de vida de los indios, con el concurso de herramientas varias entre las que se cuentan políticas de reasentamiento, agresiones contra los derechos de las mujeres en materia de acceso a la tierra y ataques dirigidos contra las formas tradicionales de autogobierno[37]. Todo ello por no hablar, claro, de lo que significan agresivas políticas de control de los recursos (petróleo, gas, minerales), que cancelan, tras la apariencia

34. Coulthard, 2014: 143.
35. Petri, 2018: 109.
36. Rodríguez García, 2014: 16. En el propio mundo libertario no faltaron los ejemplos de militantes que estimaban que los indios vivían en un estado de barbarie que reclamaba una redención "a través de la cultura letrada y del ingreso en la civilización"; véase Rodríguez García, 2015: 305.
37. Coulthard, 2014: 4.

de negociaciones equilibradas, las últimas perspectivas de control de la tierra que estaban al alcance de las comunidades indígenas[38]. El proceso al cabo lo es de transformación violenta de formas de vida no capitalista en otras de carácter manifiestamente capitalista[39]. A ello se han sumado, en muchos escenarios, promesas, casi siempre incumplidas, de premiar la sumisión de los indígenas con "educación, seguridad económica, empleo y un mayor control sobre lo que les concierne"[40]. Maddock, quien al respecto cita a Fred Eggan, ha subrayado que a medida que los indígenas iban comprendiendo lo que hacía el colonizador solían pasar de una adaptación pasiva a los deseos de este a una visible preocupación, plenamente justificada, por su futuro[41]. Por detrás estaba la inferencia de que lo que se ofrecía a los indios era, inequívocamente, el progreso del que ellos mismos —los colonizadores— deseaban beneficiarse, sin darles a aquellos, claro, la posibilidad de elegir al respecto, y reservando para el usurpador una plena capacidad de determinación de lo que correspondía hacer. Se trataba, por añadidura, de un progreso cuya deriva debía estar siempre bajo control del colonizador[42], de sus intereses y de sus percepciones en relación con las mujeres y con la naturaleza.

En 1974 Clastres recordó que la doctrina oficial del gobierno brasileño en relación con los indios era la que sigue: "Nuestros indios, proclaman los responsables, son seres humanos como los demás. Pero la vida salvaje que llevan en los bosques los condena a la miseria y a la desgracia. Es nuestro deber ayudarlos a liberarse de la

38. Coulthard, 2014: 7.
39. Coulthard, 2014: 8.
40. Maddock, 1974: 1-2.
41. Maddock, 1974: 18.
42. Maddock, 1974: 181.

servidumbre. Tienen derecho a elevarse para alcanzar la dignidad de ciudadanos brasileños, para participar plenamente en el desarrollo de la sociedad nacional y para gozar de sus beneficios"[43]. Más cerca en el tiempo, Viveiros de Castro ha recordado que en Brasil, y cabe suponer que en otros muchos lugares, el propósito es transformar al indio en pobre, en una subespecie de pobre, con la vista puesta en convertirlo, más adelante, en un no pobre, en un ciudadano. En ese proceso se hacen valer inequívocamente un sinfín de herramientas que desarrolla el tanatocapitalismo al uso, etnocida y ecocida. "Pero un indio es algo diferente de un pobre. No desea verse transformado en alguien 'igual a nosotros'. Lo que desea es seguir siendo diferente de nosotros. [...] Lo que desea es que reconozcamos y respetemos su distancia"[44].

Se impone una conclusión: aunque la descolonización, mal que bien, acabase formalmente décadas atrás con la formación de los Estados-nación "independientes", seguimos viviendo en un mundo que, para erradicar las huellas coloniales que perviven por doquier, aguarda una *decolonización*. Y ello es así por cuanto el capitalismo contemporáneo resignifica, "en un formato posmoderno, las exclusiones provocadas por las jerarquías epistémicas, espirituales, raciales/étnicas y de género/sexualidad desplegadas por la modernidad"[45]. De resultas, y me repito, parece obligado concluir que la descolonización del mundo en modo alguno es completa. Hace falta una segunda descolonización, o una decolonización, por emplear una terminología relativamente extendida.

43. Clastres, 1980: 50.
44. Viveiros de Castro, 2027b: 7.
45. Castro-Gómez y Grosfoguel, 2007a: 14, y Grosfoguel, 2002.

LA HERENCIA MODERNA DEL ANARQUISMO

Ya he señalado que el anarquismo es heredero, por muchos conceptos, de la modernidad. Y lo es, en buena medida, porque, comoquiera que la crítica de la modernidad capitalista no suele verse acompañada del reconocimiento de otras formas de conocimiento, a menudo reproduce las propias de la lógica del capitalismo[46]. Si se me permite formular una afirmación arriesgada, la primacía otorgada por el anarquismo a la letra escrita no ha facilitado precisamente su relación con tantas comunidades indígenas que se desenvuelven dentro de la tradición oral: la escritura, por sí sola, acarrea la imposición, delicada, de formas de abstracción tanto más cuestionables cuanto que comúnmente no son ni conscientes ni evidentes[47]. Más allá de lo anterior, inmerso en la aceptación de las virtudes del progreso y del desarrollo económico, hechizado por las presuntas bondades de la ciencia, de la tecnología y del trabajo[48], con frecuencia ratificador, pese a las buenas intenciones, de la condición de marginación de las mujeres, y predispuesto a aceptar la superioridad de la civilización occidental[49], el anarquismo se manifestó frecuentemente antropocéntrico y rechazó, al tiempo, muchas dimensiones espirituales que no se ajustaban a

46. Motta, 2014: 259.
47. Véanse, por ejemplo, las opiniones al respecto de Russell Means en Means, 2010.
48. La mayoría de los anarquistas que se movieron en los años objeto de atención en esta obra vivieron inmersos en una clara idealización de las virtudes liberadoras de la ciencia y de la tecnología. Pero, más allá de lo anterior, y cierto que con algunas excepciones, asumieron una relación contradictoria con el trabajo, en la medida en que, aparentemente conscientes de la condición de explotación y alienación que acompañaba indeleblemente a este último, no por ello dejaron de considerarlo un deber, en cierto sentido venturoso, que guardaba relación expresa con el progreso de la sociedad.
49. Baudouin, 2003: 5.

un canon preestablecido[50]. Y ello fue así —hablo del pasado, toda vez que parece innegable que algunas de estas taras fueron remitiendo con el paso del tiempo— por mucho que sea innegable que el anarquismo no participa de otros elementos inherentes a la modernidad, como es el caso de los relativos al Estado, al capitalismo —y, con él, a la explotación y a tantas formas de alienación—, a muchas de las jerarquías y separaciones o, en fin, al propio individualismo dominante.

Pero, junto con la discusión relativa a la marginación material y simbólica de las mujeres, acaso lo más importante es la casi siempre soterrada aceptación de la superioridad de la civilización occidental y, con ella, de una parte significada del discurso colonial. Como tendré la oportunidad de subrayar más adelante, aunque los anarquistas criticaron agriamente los numerosos excesos que caracterizaron a la colonización, pareciera como si aceptasen que esta última constituía un proceso natural justificable en virtud de la superioridad científica y técnica de la civilización occidental, de la mano de un argumento que no podía sino recordar a muchas de las aserciones de Marx y Engels al respecto. Si bien es cierto que en la obra de Élisée Reclus, por echar mano del ejemplo más sonoro, hay una crítica de la "sociedad moderna", no lo es menos que a esta última se atribuyen ideas elevadas que justifican, en palabras de Christophe Brun, la identificación de una "obra civilizadora consciente"[51].

Hay quien, como Daniel Montañez Pico, ha concluido que por detrás de la idea de que existen pueblos modernos y premodernos, civilizados y no civilizados, desarrollados y subdesarrollados[52], se barrunta al cabo un proyecto

50. Jiménez y Mariblanca, 2016: 7.
51. Reclus, 2014: 191-192.
52. Montañez Pico, 2018: 8.

racista, y ello por mucho que lo esperable es que un anarquista rechace virulentamente esta etiqueta, de la misma manera que cualquier varón que se precie negará su condición de beneficiario de las reglas de la sociedad patriarcal[53]. Es verdad que si nos acogemos al uso cotidiano del adjetivo "racista", su aplicación al anarquismo y a los anarquistas —o al menos al anarquismo y a los anarquistas de hace un siglo— resulta discutible. El racista desprecia a los integrantes del grupo humano objeto de su ira, a quienes desea con toda evidencia someter[54]; no parece que pueda predicarse eso, en cambio, de muchos anarquistas. Esto aparte, una cosa es concluir que la civilización occidental es superior y otra diferente calificar de inferiores a los integrantes, individualizados, de los grupos humanos que no se benefician de tal civilización. A los ojos del racista, en fin, el escenario y los seres humanos que rechaza se antojan irrecuperables, percepción que no se ajusta a la perspectiva comúnmente abrazada por tantos anarquistas. Al margen de lo anterior, lo suyo es recordar que han sido y son muchos los anarquistas inmersos en luchas antirracistas llenas de coraje.

Pese a las dudas, legítimas, que provoca el adjetivo "racista" en el sentido recién invocado, a duras penas podrá negarse que el racismo participa de todos los colonialismos, en todos los lugares, y que "resume y simboliza la relación fundamental que une a colono y a colonizado"[55], circunstancia que hace que la invocación del término no parezca fuera de lugar cuando se está hablando de un proyecto que incorpora innegables elementos coloniales. La raza, y con ella la jerarquía colonial, fue, conforme a los análisis de Aníbal Quijano, lo que permitió que "los blancos", "los europeos", estableciesen un pleno control del trabajo y

53. Montañez Pico, 2018: 8.
54. Bico, 2006: 108.
55. Memmi, 2017: 89

otorgasen legitimidad a las relaciones de dominación, enfrentados a indios, negros y mestizos[56]. El eurocentrismo no es otra cosa que "racismo en el campo de la jerarquización y atribución de valor desigual tanto a las personas, su trabajo y sus productos, como también a los saberes, normativas y pautas de existencia propios de las sociedades que se encuentran a un lado y al otro de la frontera trazada entre Norte y Sur por el proceso colonial", en palabras de Rita Segato[57]. En este sentido no debe desdeñarse —lo reitero— la presencia de elementos racistas en el anarquismo decimonónico, y en su caso en el posterior. Montañez Pico afirma, en suma, que las consecuencias del ascendiente de un discurso colonial en el anarquismo fueron, y acaso son, tres: el eurocentrismo —que elude, por ejemplo, la consideración de las concepciones del poder propias de cada civilización o espacio geográfico—, el paternalismo —que obliga a distinguir entre las realidades propias, avanzadas y civilizadas, y las características de comunidades que se consideran primitivas y atrasadas— y el exotismo —que a menudo permite idealizar a los pueblos indígenas atribuyéndoles una pureza que dificulta entender realidades muy complejas[58]—. Cierto parece, en cualquier caso, que buena parte del anarquismo contemporáneo ha escapado a muchas de estas trampas.

Importa extraer una conclusión y subrayar que, frente a lo que sugiere Federico Ferretti, no hay muchos motivos para concluir que los anarquistas que tomaron contacto con las comunidades indígenas, pese a la comprensión y la empatía que tantas veces mostraron, lo hicieron desde la perspectiva de propiciar la autoemancipación de aquellas,

56. Segato, 2015: 47; Quijano, 2014b: 778; y Quijano, 2014d: 641.
57. Segato, 2015: 53.
58. Montañez Pico, 2018: 9-12.

y no desde la de procurar su emancipación desde fuera[59]. Tampoco los hay para deducir que asumieron un enfoque como el que el propio Ferretti atribuye a Germaine Greer, para quien, y en el caso australiano, la "aboriginidad" no ha sido nunca el problema, sino la solución, de tal suerte que la comunidad que tiene que dejar atrás la "barbarie" es, con toda evidencia, la de los colonos blancos[60]. Aun así, y en sentido contrario, no está de más considerar que el anarquismo se halla razonablemente bien dotado —como acaso lo demuestran muchas de las perspectivas teóricas abrazadas en los últimos años— para sortear los problemas correspondientes. Está, de cualquier modo, mejor pertrechado que otras cosmovisiones para hacer valer una noción integrada de los mundos humano y natural[61], y para perfilar herramientas que fortalezcan el respeto por el otro y el despliegue de un internacionalismo igualitario[62]. Aporta, por lo demás, una cosmovisión que valora la descentralización, defiende la autonomía de las diferentes instancias y, lejos de imposiciones, reconoce en todos los ámbitos el principio de libre determinación. Nada de lo anterior lo exime, sin embargo, de la ineludible tarea de acoger muchas de las percepciones que, en materia de cuestionamiento de la colonialidad, se han forjado en los países del Sur. Se trataría, en otras palabras, de combinar tradiciones que proceden, unas veces desde dentro, y otras desde fuera, de la voluntad de criticar la modernidad[63] a partir de la convicción de que nada de malo hay en que el "anarquismo europeo" se deje llevar por la sabiduría y el quehacer de los pueblos indígenas que han abrazado, y abrazan, prácticas libertarias.

59. Ferretti, 2016: 5.
60. Ferretti, 2016: 5, y Greer, 2004.
61. Purkis, 2014: 149.
62. Ferretti, 2016: 4.
63. Motta, 2014: 260.

CAPÍTULO 7

CONTESTACIÓN ANTICOLONIAL Y ANARQUISMO

Hace un par de años un colega costarricense me pidió bibliografía sobre el discurso anticolonial en el anarquismo. Más allá de la recomendación de lectura de un libro clásico de Benedict Anderson —*Under Three Flags* (Bajo tres banderas)[1]—, que estudia el ascendiente del anarquismo sobre figuras como el cubano José Martí o el filipino José Rizal, me vi en grandes dificultades para satisfacer su petición. La tesis que, de manera cautelosa, voy a defender aquí es que el mundo anarquista desplegó, desde la segunda mitad del siglo XIX, una contestación espontánea del colonialismo —o al menos de los "abusos" en los que este comúnmente se traducía—, en el buen entendido de que esa contestación no se vio acompañada, como por lo demás sucedió también con Marx y sus seguidores, de un "discurso anticolonial" merecedor de tal nombre. En el mejor de los casos lo que se revelaron fueron textos —eso sí, muy numerosos— que antes eran panfletos de denuncia que genuinos intentos de perfilar una teoría en lo que al colonialismo respecta. Así las cosas, el anarquismo

1. Anderson, 2007.

constituyó un movimiento de clara vocación internacionalista, que postuló, ciertamente, la solidaridad de las clases populares y una revolución social de carácter global[2], al tiempo que desarrolló a menudo estrategias antimilitaristas y antirracistas, sin que todo lo anterior alumbrase, pese a todo, ni una teoría del colonialismo ni una contestación franca de este último que acarrease un cuestionamiento del proyecto occidental de colonización del planeta. La manifestación de ese cuestionamiento hubo de aguardar, en los hechos, a la segunda mitad del siglo XX. Conviene, de cualquier modo, que subraye una vez más que el terreno en el que ahora me muevo es singularmente cenagoso, de tal suerte que hay que andar con mucha prudencia a la hora de enunciar virtudes y carencias.

LA DEBILIDAD DE LAS TEORIZACIONES

Con la excepción de Élisée Reclus, el geógrafo francés, la "cuestión colonial" no parece tener mayor presencia en los textos de los anarquistas del XIX, mucho más interesados en la "cuestión nacional". Tampoco parece estar presente en los trabajos de la Primera Internacional[3]. Al igual que sucede en la mayoría de los textos de Marx, lo que se registra es una crítica de los métodos empleados por las grandes potencias del momento —masacres, explotación, expolio, coacción—, no acompañada, sin embargo, de un cuestionamiento de la bondad, y del buen sentido, de la intervención colonial en los países "atrasados", justificada, en el caso de Marx, conforme a la necesidad de generar las condiciones llamadas a permitir una revolución posterior[4].

2. Walt y Schmidt, 2009: 297.
3. Baudouin, 2003: 4.
4. Baudouin, 2003: 6.

Por lo que a Reclus respecta, parece aceptar, por ejemplo, la dominación colonial francesa en Argelia, que interpreta que generará beneficios para colonos y para nativos[5]. Comoquiera que Reclus acata la colonización aunque reclame para ella el concurso de prácticas equilibradas que la alejen de la esclavitud, del trabajo forzado, de la explotación de los seres humanos y del uso interesado de la religión[6], está servida la conclusión de que hay motivos suficientes para albergar dudas en lo que respecta a la fortaleza y profundidad de la contestación anticolonial. *Patriotisme et colonisation* (Patriotismo y colonización), el libro de otro anarquista francés, Jean Grave, publicado en 1903, se contenta con repudiar el militarismo que acompaña a la colonización sin al cabo cuestionar esta última[7]. A la postre, lo suyo es afirmar que los anarquistas decimonónicos no discutieron el derecho de los europeos a trasladarse a otros escenarios geográficos y a colonizarlos con el concurso de la ciencia y de la tecnología, un derecho que partía inequívocamente de la presunción de que la civilización que los acompañaba era superior[8]. En los hechos no faltaron anarquistas —como, antes, no habían faltado socialistas utópicos[9]— en empresas coloniales a las que, ciertamente, otorgaban un marchamo singular. Al fin y al cabo, la propia expansión internacional del anarquismo acompañó, en un grado u otro, a la expansión paralela del colonialismo.

Enzo Traverso recuerda, sin embargo, que durante la segunda mitad del siglo XIX la contestación del

---

5. Baudouin, 2003: 6.
6. Baudouin, 2003: 9 y 15.
7. Grave, 1903, y Baudouin, 2003: 13.
8. Baudouin, 2003: 15.
9. Baudouin, 2003: 4.

imperialismo[10] tuvo una mayor presencia, y fue más radical, en el mundo anarquista que en el marxista. Siguiendo a Anderson, el propio Traverso subraya —de la mano de un argumento que hay que acoger, aun así, con alguna cautela— que

> frente a un socialismo marxista urbano, occidental y proletario, esencialmente arraigado en la Europa industrializada, protestante y liberal (ante todo en Alemania), el anarquismo extendía su influencia en la Europa central y meridional. Los anarquistas saludaban las revueltas campesinas en los países pobres y defendían los derechos de los "pueblos sin historia". A diferencia de Marx, que vivía en el exilio de Londres, capital del imperio británico y observatorio privilegiado del capitalismo internacional, los anarquistas seguían el movimiento de las grandes migraciones transoceánicas. Esto explica sin duda las afinidades que, a finales del siglo XIX, condujeron a José Rizal, escritor y promotor del nacionalismo filipino, y al cubano José Martí a establecer contactos con los anarquistas españoles, italianos y franceses, antes que con los socialistas de obediencia marxista[11].

DE MARX A LA *KOMINTERN*

Que la contestación de lo que suponían los imperios y, por extensión, el colonialismo desplegado por estos últimos exhibiese mayor vigor, en los hechos, en el mundo anarquista que en el de los seguidores, en un grado u otro, de

10. Es muy frecuente que se solapen los conceptos de "imperialismo" y de "colonialismo". Entenderé, aun así, con Edward W. Said, que el imperialismo remite a las actitudes de dominación que despliega una metrópoli que gobierna un territorio distante, en tanto en cuanto, y en cambio, el colonialismo, una consecuencia del imperialismo, da cuenta de la implantación de asentamientos, de colonias, en ese territorio; véanse Said, 1994: 8, y Said, 1995.
11. Traverso, 2016: 164-165.

Marx bien puede explicarse en virtud de dos razones. La primera se limitará a recordar que en términos generales, y claro que de manera no siempre evidente, hasta la primera guerra mundial el anarquismo ofreció un proyecto revolucionario más consistente y presente que el que aportaban los partidarios de Marx. Han sido muchos los historiadores que han remarcado que a principios del siglo XX la mayoría de las fuerzas políticas que se reclamaban de la obra del pensador alemán tenía un carácter reformista y moderado. La segunda de las razones invocadas subraya que, hablando en propiedad, en la obra de Marx no hay una contestación, sino más bien una loa, del colonialismo, una perspectiva esta que, como acabo de adelantar, y sin embargo, no era por completo ajena al propio mundo anarquista.

Tiene sentido prestar atención a las singularísimas percepciones de Marx en lo relativo a la materia que aquí me ocupa. Para Marx la colonización era un paso decisivo en el progreso del planeta, en la medida en que debía permitir se acabase con las estructuras arcaicas propias de las sociedades colonizadas[12], dotadas de sistemas despóticos, indignos y anquilosados[13], en provecho de un desarrollo capitalista que era la antesala del socialismo. Marx y Engels estimaban, en otras palabras, que el imperialismo occidental constituía un instrumento interesante a efectos de propiciar la deseable expansión capitalista, una perspectiva que vino a justificar, del lado de los dos pensadores alemanes, la defensa de operaciones coloniales en Asia, en Argelia o en California[14]. En semejante marco conceptual parecía impensable, por otra parte, que los países coloniales o semicoloniales encontrasen un camino propio

12. Baudouin, 2003: 4.
13. Coulthard, 2014: 10.
14. Walt y Schmidt, 2009: 311.

hacia el socialismo, y ello por mucho que sea cierto que en sus años postreros Marx coqueteó con la idea de que no eran inimaginables fórmulas de transición hacia aquel —así, las que podían cobrar cuerpo en Rusia— que no reclamasen antes el concurso del capitalismo[15]. No faltan, por lo demás, textos en los que el Marx tardío encomia organizaciones sociales como la de los iroqueses, claramente contrapuestas a las propias de la moderna civilización industrial[16], en un marco general de proximidad hacia las sociedades precapitalistas y de aprecio por sus formas de resistencia contra la opresión.

Aun con la cautela que acabo de expresar en relación con su obra postrera, salta a la vista que en términos generales Marx mostró un manifiesto desdén por la mayoría de las luchas de liberación, un desdén asentado en la idea de que, con excepciones como las de Irlanda y Polonia, el cambio histórico saludable debía llegar de la mano de los poderosos Estados que se habían forjado en los países más industrializados. El hechizo que en Marx suscitaba el Estado centralizado se reveló bien a las claras, por cierto, en su apoyo al bando alemán en la guerra franco-prusiana de 1870-1871[17]. Por detrás, Marx despreciaba virulentamente la historia de los territorios colonizados. Culthard recuerda que para Marx "la sociedad india [la de la India] carece por completo de historia, o al menos de historia conocida"[18]. Para que nada falte, en el caso de Marx, y al menos en la mayoría de los textos de este que se interesan por la cuestión, la naturaleza no era sino una herramienta al servicio del hombre, algo que al cabo debía traducirse en una apuesta sin freno en provecho del "progreso" económico[19].

15. Shanin, 1990.
16. Rosemont, s. f.: 9 y 12.
17. Walt y Schmidt, 2009: 311.
18. Coulthard, 2014: 10.
19. Coulthard, 2014: 14.

No está de más que rescate aquí las hilarantes posiciones defendidas en su momento por Engels, para quien era menester defender, en provecho de los "intereses de la civilización", la anexión estadounidense de Texas en 1845 y la invasión de México en 1846, tanto más cuanto que la rica California debía escapar de las manos de los perezosos mexicanos, en provecho de los vivaces estadounidenses, y abrir el camino del Pacífico para la civilización[20]. El propio Engels abrazó la conquista de Argelia por Francia como "un importante y afortunado hecho en el progreso de la civilización"[21]. En los escritos de Marx y Engels no faltan, por lo demás, comentarios despreciativos sobre la condición de unos u otros pueblos. Así, los montenegrinos son tildados de "ladrones de ganado", a los beduinos se les describe como "una nación de ladrones" y en relación con los chinos se habla de su "estupidez hereditaria"[22]. Si bien es cierto que Engels —y, con él, Marx— criticó agriamente la represión que cayó sobre muchas rebeliones anticoloniales, no lo es menos que concluyó —vuelvo a la carga con el argumento— que la dominación colonial, al permitir la sustitución de las economías tribales y campesinas por la lógica del capitalismo, generaba lo que entendía que era una inequívoca forma de progreso[23]. Una forma de progreso que, por añadidura, no era saludable se viera sometida a atrancos ni a retrocesos llamativos.

Es fácil entender que, con mimbres como los recién reseñados, resultaba difícil imaginar que del magma del pensamiento de Marx surgiera un potente movimiento de contestación del colonialismo, circunstancia que a buen

20. Schmidt, 2013: 7-8.
21. Cit. en Evren, 2014: 303.
22. Evren, 2014: 304. Véanse también Anderson, 2010; Marx y Engels, 2002; y Marx y Engels, s. f.
23. Maddock, 1974: 186.

seguro propició, siquiera solo fuera por compensación, un mayor protagonismo, en este terreno y en otros, del mundo anarquista. El escenario cambió abruptamente, sin embargo, tras el triunfo de la revolución bolchevique en Rusia en 1917. El giro mayor se produjo de la mano de Lenin, quien subrayó que el imperialismo minaba el desarrollo de las fuerzas productivas y que el carácter global que había ido asumiendo el capitalismo permitía que, ahora sí, una revolución en un país colonizado tuviese sentido, tanto más si se veía respaldada por procesos similares en los países industrializados. "Si Marx vio en el mundo colonial y semicolonial un objeto estancado de la historia, Lenin alentó una lectura marxista que apreció en ese mundo un sujeto de la historia", señalan Walt y Schmidt[24]. Así las cosas, y en adelante, la Internacional Comunista, la *Komintern*, realizó un lucrativo esfuerzo encaminado a ganar para su causa a los movimientos de liberación nacional de los países colonizados, al amparo, las más de las veces, de lo que en los hechos fue un apoyo a un nacionalismo y a un autoritarismo exacerbados. La estrategia de la *Komintern* facilitó, en paralelo, la alianza, en muchos lugares, entre los partidos comunistas y los movimientos nacionalistas locales.

Permítaseme que apostille que a lo largo del grueso del siglo XX fueron pensadores marxistas los que asumieron un protagonismo indisputado en la fijación del discurso anticolonial y en la inspiración de los "movimientos de liberación nacional". Tal y como lo recuerda de nuevo Traverso, la historia del marxismo del siglo XX es en buena medida la historia de esos movimientos. Cierto es que, en paralelo, muchos de los pensadores de los que hablo desplegaron un marxismo *sui generis* de la mano de lo que a menudo fue, siempre según Traverso, una lectura

24. Walt y Schmidt, 2009: 312.

antievolucionista y antipositivista de Marx[25]. Me permito agregar que esa lectura con frecuencia colocó a esos pensadores en coordenadas libertarizantes, acompañadas, en tiempos recientes, de críticas que subrayaban el supuesto o real eurocentrismo del pensador alemán.

ANARQUISMO E INDEPENDENCIAS

Pero, a la hora de explicar la debilidad del discurso anticolonial en el anarquismo hay que prestar atención a otra dimensión importante: la derivada de las enconadas disputas que, dentro de los propios movimientos anarquistas, provocó la actitud que, con la cuestión nacional de por medio, había que asumir en relación con muchas luchas de liberación en los países colonizados. David Porter ha señalado que el debate correspondiente en algo recuerda a la discusión relativa a si los movimientos anarquistas deben sumarse a las luchas por ampliar las libertades en regímenes autoritarios, aun a sabiendas de que esas luchas responden en muy buena medida a los intereses y al proyecto de fuerzas de carácter liberal-estatista[26].

A efectos de ilustrar el relieve del fenómeno, bueno será que empiece por rescatar lo ocurrido en Cuba a finales del siglo XIX, al amparo de una disputa que —salvando las distancias, que son muchas— trae a la memoria la registrada en los últimos tiempos en relación con Cataluña. Según una versión de los hechos, las autoridades españolas mostraron cierta tolerancia con aquellos grupos anarquistas que se mantuvieron al margen del debate secesionista[27]. Esos grupos recelaban de las virtudes de la

25. Traverso, 2016: 166-167.
26. Porter, 2011: 19.
27. Fernández, 2000: 32.

república independiente postulada por los independentistas cubanos, y de las posibles ventajas derivadas de una guerra civil, al amparo de una posición que no parece fuese mayoritaria, sin embargo, en el anarquismo local[28]. En cualquier caso, la discusión que me ocupa provocó agudas divisiones, en el buen entendido de que fueron muchos los anarquistas que se sumaron sin cautelas, al cabo, a la lucha por la independencia. Luego de esta fueron frecuentes, ciertamente, las críticas del mundo anarquista hacia los nuevos gobernantes[29]. También se hizo valer división de opiniones, dentro del mundo anarquista, en lo que respecta a la conveniencia de pelear por un Puerto Rico independiente, con repetición de un debate similar al cubano[30].

Para los críticos del anarquismo coreano[31], este último se vio en exceso influenciado por un proyecto de independencia para Corea que, a los ojos de otros, y sin embargo, no operó en menoscabo de las prácticas y los objetivos habituales en los movimientos anarquistas. Fue común que los anarquistas coreanos subrayasen que difícilmente podía cobrar cuerpo una sociedad libertaria en su país si Corea no existía como tal[32]. Es innegable, en cualquier caso, que el anarquismo coreano se fundió a menudo con propuestas que cabe calificar de nacionalistas[33], al tiempo que desplegaba una lucha contra la dominación colonial japonesa. En la propia China, y conforme a una visión de los hechos, el nacionalismo local presentó, en el momento de la penetración del anarquismo en el país, y en los años siguientes, rasgos que lo acercaban a este último. Según esta percepción, ese nacionalismo tenía con frecuencia

28. Fernández, 2000: 36 y 43, y Shaffer, 278-279.
29. Shaffer, 2010: 293.
30. Shaffer, 2010: 298.
31. Graham, 2009: 36-39, y Hwang y McSimoin, 2014.
32. Hwang, 2016: 214.
33. Hwang, 2010: 96- 97.

una condición abierta y antiimperial, en la medida en que preconizaba una China recogida sobre sus fronteras, propensa a reconocer la legitimidad de otras civilizaciones, respetuosa de muchas de las aportaciones de estas últimas y, en suma, portadora de un proyecto que postulaba una transformación global de la humanidad alejada de los Estados y de sus reglas[34].

Muchos movimientos anarquistas han incorporado la liberación nacional a sus programas, como lo han demostrado los casos —a alguno acabo de referirme— de Armenia, de China, de Corea, de Cuba, de Filipinas, de Macedonia o de Ucrania[35]. El relieve del fenómeno ha llegado a nuestros días. Baste con recordar lo sucedido en lugares como Quebec[36] o, más cerca en el tiempo, en la mentada Cataluña. Entre los anarquistas negros estadounidenses ha sido habitual, por otra parte, la defensa de propuestas que Ashanti Alston no duda en describir, con las cautelas que procedan, como "nacionalistas". Desde la perspectiva de Alston, que en algo recuerda a la que abrazan muchas anarcofeministas que postulan la creación de organizaciones específicas de mujeres dentro del mundo libertario, a duras penas es imaginable una lucha de liberación en la que la comunidad negra no se dote, también, de organizaciones propias que hagan frente a sus problemas singulares[37]. Cierto es, en suma, que posiciones como las que ahora me atraen han seguido suscitando controversias agrias dentro del propio mundo anarquista. Recuérdese, por ejemplo, que en Argelia el grueso del —por lo demás muy débil, y apenas frecuentado por árabes y bereberes[38]— movimiento

34. Dirlik, 1991: 53 y 56, y Zarrow, 1990: 173-182.
35. Porter, 2011: 19, y Walt y Schmidt, 2009: 317 y 321.
36. Dupuis-Déri, s. f.: 3.
37. Alston, 2016: 73.
38. Porter, 2011: 476.

anarquista, aunque inequívocamente contestatario del represivo régimen colonial francés, se mostró muy crítico de las políticas abrazadas por el Frente de Liberación Nacional, empeñadas, según esta versión de los hechos, en ratificar muchos de los elementos de explotación heredados del pasado[39]. Antes, y en Indonesia, por rescatar otro ejemplo, las disputas que me ocupan se habían saldado, al parecer, con un visible alejamiento del movimiento anarquista local con respecto a la propuesta nacionalista que ganaba terreno[40].

No parece de más —creo— que abra aquí un espacio para glosar un fenómeno muy próximo de algunas de estas controversias: el del anarquismo judío. Yago Mellado subraya que en inicio, y en lo que se refiere a la "cuestión judía", el criterio dominante en el mundo anarquista señalaba que aquella perdería relieve a medida que se impusiese el internacionalismo socialista. Con el paso del tiempo, y sin embargo, se hicieron valer corrientes anarquistas claramente insertas en el magma del socialismo judío[41]. En realidad, y a tono con lo ocurrido en tantos lugares, lo que cabe entender que fue el "nacionalismo judío" suscitó lecturas muy diferentes dentro del mundo anarquista. Entre ellas se manifestaron rechazos francos —Proudhon, Bakunin—, la postulación del vigor de las luchas de liberación nacional como antesala del internacionalismo —Kropotkin—, la aceptación del vínculo nacional, pero no del nacionalismo —Landauer, Rocker—, y el reconocimiento nacional judío —Lazare, Solatoroff—[42].

39. Porter, 2011: 22 y 33.
40. Damier y Limanov, s. f.
41. Hwang, 2016: 214.
42. Mellado López, 2017: 149-150.

ANARQUISMO Y CUESTIÓN NACIONAL

Regreso, con todo, a la discusión anterior, con la voluntad, ahora, de pulsar las percepciones anarquistas con respecto a la cuestión nacional y a los movimientos con ella vinculados. Iniciaré mi recorrido con el recordatorio de que en el mundo anarquista parece haber dos percepciones distintas en lo que atañe a la cuestión nacional. Lo suyo es anotar, por un lado, que Bakunin no dudó en mostrar su simpatía por las revueltas nacionales que se enfrentaban a unas u otras opresiones, y en defender lo que hoy acaso llamaríamos "derecho de autodeterminación". La otra lectura subraya, sin embargo, el carácter interesado de naciones y nacionalismos, siempre subordinados a los intereses de las clases explotadoras, y se acoge a la idea de que las más de las veces los movimientos anticoloniales han tenido un carácter autoritario y estatalista. No solo eso: se han entregado al despliegue frecuente de prácticas de "colonialismo interno" dentro de los Estados que han alcanzado la independencia, circunstancia que obliga a reivindicar un internacionalismo que permita enlazar luchas antiimperialistas diversas, y que no responda a los intereses de las burguesías nacionales. Si la primera interpretación corre el riesgo de sortear artificialmente el problema planteado por la segunda, esta última puede asumir la forma de una actitud sumisa y acrítica ante nacionalismos de Estado y opresiones nacionales. Una y otra percepción tienen en común, con todo, un rechazo de la institución Estado —en la que no se aprecia otra perspectiva que la de la ratificación de los problemas de siempre—, una defensa de la diversidad y —cabe suponer— la postulación de la revolución social.

No han faltado en el mundo anarquista, con todo, posiciones que, al calor del proceso de descolonización, entendían que la creación de nuevos Estados independientes bien podía ser un paso adelante, tanto más si resultaba evidente que la revolución internacional que debía resolver todos estos problemas no se antojaba cercana. De por medio menudearon los esfuerzos encaminados a participar en las luchas de liberación nacional con la vista puesta en modelar estas otorgándoles una dimensión de clase y revolucionaria de la que muchas veces, y con toda evidencia, carecían. Desde esta perspectiva se imponía cuestionar, por añadidura, la idea de que esas luchas reclamaban por necesidad un discurso nacionalista acompañante[43]. A este respecto conviene recordar que en el pensamiento anarquista han menudeado los intentos —Bakunin, Landauer— de búsqueda de herramientas que permitan liberar a las naciones de los Estados y desprenderse de las distintas formas de ocupación y explotación[44]. Bakunin, en singular, apreció en el paneslavismo una perspectiva de liberación frente a la autocracia que, asentada en determinados valores transnacionales, ofrecía la posibilidad de resistir frente a la tiranía y la dominación[45]. El propio Bakunin veía en la nación un hecho natural y social, a diferencia de la perspectiva adoptada tiempo después por otro libertario, Rudolf Rocker, para quien "la nación no es la causa, sino el resultado del Estado. Es el Estado el que crea la nación, y no la nación la que crea el Estado"[46].

En la trastienda, y doy un paso más, en las últimas décadas parece haber existido una sintonía entre el anarquismo, por un lado, y muchos de los movimientos revolucionarios surgidos en las sociedades, fundamentalmente

43. Walt y Schmidt, 2009: 311.
44. Ramnath, 2011: 23.
45. Ramnath, 2011: 23.
46. Ramnath, 2011: 23-24.

agrarias, del Sur, por otro. Uno y otros comparten, las más de las veces, el rechazo de la teleología desarrollista, de la razón instrumental y del reduccionismo de clase, como comparten la necesidad de acometer una reflexión crítica sobre el poder[47]. En muchas de sus versiones más recientes, y por añadidura, el anarquismo acarrea una crítica de lo que supone la modernidad, una crítica que asume a menudo la forma, insorteable, de una autocrítica. Fueren las cosas como fueren, concluiré, con Maia Ramnath, que no está de más fortalecer el rostro anticolonial del anarquismo y hacer otro tanto con el rostro anarquista del anticolonialismo[48].

RETAZOS DE LA LUCHA CONTRA EL IMPERIALISMO Y EL COLONIALISMO

Concluyo este capítulo con un recopilatorio de hechos que justifican una afirmación que formulé al principio: la que sugiere que, de manera espontánea, el mundo anarquista ha planteado de siempre, con mayor o menor entidad, una contestación de lo que significan imperialismos y colonizaciones, y ello por mucho que esa contestación arrastrase, en el terreno teórico, y en ocasiones en la práctica, dobleces nada despreciables.

Empezaré recordando —y recojo ejemplos a vuela pluma— la implicación de los anarquistas, en el siglo XIX y principios del XX, en las luchas de liberación, en la Europa central y oriental, frente a los imperios ruso, otomano y austrohúngaro. Si los anarquistas españoles se solidarizaron a menudo con las luchas por la independencia de Cuba

47. Ramnath, 2011: 28.
48. Ramnath, 2011: 1.

y de Filipinas, y más adelante criticaron agriamente las operaciones militares en el norte de Marruecos, los italianos se opusieron a las políticas imperiales desplegadas por su país en Abisinia, Eritrea y Libia. La solidaridad con estas luchas se hizo valer también entre los anarquistas alemanes, belgas, británicos, franceses o portugueses[49]. En Egipto y en Argelia los anarquistas locales se enfrentaron a los colonizadores europeos, las más de las veces de la mano de un activismo internacionalista que procuró no sucumbir al ascendiente de discursos nacionalistas, religiosos y raciales[50]. En Indonesia, por recuperar otro caso connotado, el movimiento anarquista asumió una contestación abierta de la dominación colonial holandesa, reflejada en los textos de Eduard Douwes Dekker, "Multatuli", y de Ernest François Eugène Douwes Dekker[51]. Los anarquistas chinos y coreanos, en suma, plantaron cara a las férulas extranjeras que se revelaban en sus países.

Con el paso del tiempo la implicación en las luchas de liberación nacional asumió la forma, en muchos escenarios, de una contestación franca de lo que suponía la política de Estados Unidos. Mientras el antinorteamericanismo correspondiente fue evidente en el anarquismo mexicano, conviene resaltar los orígenes en parte anarcosindicalistas y anarcocomunistas, y la influencia de Proudhon y del magonismo, en la lucha de Sandino, en Nicaragua[52]. Considerado en su conjunto, el anarquismo latinoamericano ha asumido una contestación franca de la hegemonía estadounidense[53]. Como cabe imaginar, a medida que el siglo XX se desarrollaba, esa contestación se

49. Anderson, 2007: 2.
50. Gorman, 2010: 3.
51. Damier y Limanov, s. f., y VV AA, 2011a.
52. Walt, 2005, y Walt y Schmidt, 2009: 278.
53. Véase, por ejemplo, Barrett, 1976: 154-156.

ha extendido a otros muchos escenarios. Así lo testimonian, por recuperar algunos ejemplos entre muchos, la oposición a la guerra de Vietnam y a la presencia de bases militares norteamericanas, el rechazo de lo que, en el oriente próximo, supone el Estado de Israel —no está de más recordar que la primera intifada, en 1987, tuvo un carácter libertarizante, organizada desde abajo, y de forma más bien espontánea, frente al dictado de la Autoridad Nacional Palestina[54]— o el repudio de las sucesivas intervenciones militares de Estados Unidos en Iraq, Afganistán y, de nuevo, Iraq. Más allá de lo anterior, han sido muchos los escenarios en los cuales los movimientos anarquistas han contestado y contestan, en todos los continentes, las políticas desarrolladas por las grandes empresas europeas y norteamericanas, al amparo con frecuencia de una defensa de los derechos de las poblaciones indígenas privadas de sus tierras[55]. En paralelo, han sido muchos los anarquistas empeñados en la crítica de lo que significaron los sistemas de socialismo irreal radicados en la Europa central y oriental. Esos anarquistas estuvieron claramente inmersos en un rechazo de las intervenciones militares y del expansionismo de la URSS. Ha estado, y está, también, a la orden del día, la oposición a sistemas como los vinculados con figuras como Milošević en Serbia, Gaddafi en Libia o Hussein en Iraq.

Agregaré, en suma, que hay dos matrices ideológicas omnipresentes en la práctica de los movimientos anarquistas. La primera la aporta un antimilitarismo empeñado en el rechazo de la institución militar y en el de la conscripción. Bueno será que recuerde, por ejemplo, que, pese a las divisiones que al respecto descollaron entre sus

54. VV AA, 2014. Véase también Gordon y Grietzar, 2013.
55. Véase, por ejemplo, para el caso de Perú, Pareja Pflücker, 2015: 199 y 202.

homólogos europeos, los anarquistas latinoamericanos se pronunciaron unánimemente en contra de la guerra mundial iniciada en 1914[56]. La segunda asume la forma de un antirracismo no menos militante, como el que se reveló en organizaciones articuladas en Estados Unidos y en Sudáfrica[57]. En este último país se verificó una clara imbricación en la lucha contra la discriminación racial y, al tiempo, en la contestación de la opresión, de la mano de la defensa de un movimiento multirracial, anticapitalista y antiestatalista[58], que pujó por la unidad de la clase obrera[59] e incorporó a sus filas a muchos militantes negros[60].

56. Colectivo Alas de Xue, 2000: 222.
57. Walt y Schmidt, 2009: 297-298.
58. Walt, 2010b: 33 y 64.
59. Walt, 2010a, y Walt, 2010b: 89.
60. Walt, 2010a: 175.

CAPÍTULO 8

NUEVOS HORIZONTES: CHIAPAS, ROJAVA

La mayoría de las consideraciones que he ido vertiendo en este libro remite a un período de tiempo relativamente alejado. Adecuado momento es este para echar una ojeada, sin embargo, a realidades contemporáneas que a mi entender recogen síntesis afortunadas en las que se dan cita las prácticas libertarias características de muchas comunidades indígenas y, en algún grado, el anarquismo. Quiero creer que esas realidades abren el camino de horizontes muy sugerentes, tanto más si asumimos que el capitalismo contemporáneo conduce irremisiblemente a un colapso ante el cual solo es capaz de perfilar un proyecto criminal en forma de ecofascismo.

Me limito a hacerme eco, por decirlo de otra manera, de una sugerencia omnipresente: la que anota que muchas de las fuentes de inspiración del anarquismo de hoy, y en general de los movimientos de vocación emancipatoria, bien pueden venir de los países del Sur, con poblaciones menos castigadas por el capitalismo y sus muy dispares mecanismos de dominación[1]. Esas poblaciones se

1. Hirsch y Walt, 2010b: 400.

muestran más libres con respecto a la lógica de la producción, del consumo y de la competitividad, y parecen capaces de hacer lo que no está a nuestro alcance en el Norte. Hablo, claro es, de espacios que, en modo alguno puros, no han sido plenamente colonizados por la modernidad europea[2]. Pese a las opiniones de Sharif Gemie glosadas con anterioridad en una nota, también este último estima que los movimientos del Sur pueden proporcionar el cimiento de una nueva forma de anarquismo global. Al respecto Gemie subraya que aunque esos movimientos no siguen ni imitan las pautas empleadas por los radicales en Occidente, despliegan prácticas compatibles con las reivindicadas por estos últimos[3]. Según una percepción de los hechos, en fin, serían portadores de una dimensión que, en cambio, faltaría en las comunidades indígenas de prácticas libertarias: la conciencia del significado de lo que hacen y, con ella, la de la capacidad de influir sobre realidades ajenas. Al respecto no está de más recordar la eficientísima estrategia de comunicación, con apelaciones muy inteligentes al imaginario colectivo, desarrollada por el Ejército Zapatista de Liberación Nacional en Chiapas.

Intuyo, por lo demás, que nos hallamos en un momento muy singular, en el que la quiebra de muchas de las reglas del juego de un capitalismo enloquecido y la crisis sin fondo del socialismo irreal han vuelto a traer al carro de la historia movimientos que, como el de los *naródniki* en Rusia o el de integración de comunidades indígenas que preveía Mariátegui en Perú, fueron visiblemente arrinconados por la imposición, décadas atrás, de esas dos podredumbres ideológicas y materiales. Para Aníbal Quijano, y en palabras de Rita Segato, el futuro no es, sin

2. Grosfoguel, 2007: 74.
3. Gemie, 2013: 324.

embargo, "restauración ni nostalgia costumbrista, ni búsqueda hacia atrás, sino la liberación de los proyectos históricos interceptados, cancelados, de los pueblos intervenidos por el patrón de la colonialidad, sociedades dominadas que ven ahora el 'regreso del futuro'"[4]. Y ello frente a muchas supersticiones, entre las cuales se cuenta la que asume la forma de la idea de que el capitalismo es una etapa ineludible en el desarrollo razonable de las sociedades.

Aunque, como inmediatamente se apreciará, la atención mayor se la llevan los casos de Chiapas y Rojava, importa subrayar que no son en modo alguno los únicos espejos en los que podemos mirarnos. Véanse, por ejemplo, los que apunta Raúl Zibechi en América Latina, en la forma de los indígenas nasa[5] y mapuche, pero también en la de muchos campesinos sin tierra y numerosos colectivos de las periferias urbanas[6]. Mencionaré asimismo el movimiento Mujeres Creando en Bolivia, de la mano de una acción directa que combina elementos indigenistas, anarquistas y feministas, en abierta contestación de lo que significan el Estado boliviano, el heteropatriarcado y el orden capitalista[7]. Muchas de estas iniciativas —conviene dejarlo claro— no proceden del mundo indígena: remiten a formas de solidaridad comunitaria y de reciprocidad que se revelan, de manera más general, en los márgenes no integrados en la sociedad[8]. Recordaré, por rescatar otro ejemplo, lo que significan las demandas de constitución de una comuna propia de la población negra en Estados Unidos, una comuna asentada en formas de democracia

4. Segato, 2015: 59.
5. Almendra, 2017.
6. Zibechi, 2014: 79; Zibechi, 2016: 155-158; y Meyer y Maldonado, 2010.
7. Lasky, 2011: 12.
8. Segato, 2015: 46.

directa y en el despliegue paralelo de una genuina contracultura[9]. La perspectiva en cuestión debería servir, al tiempo, para desarrollar un proyecto intercomunalista en el que estarían llamados a integrarse pueblos africanos y movimientos sociales revolucionarios, muy lejos del horizonte que se ha abierto camino en África, lastrado por el ideal eurocéntrico del Estado-nación[10] y por la huella de los diferentes imperialismos del Norte. De por medio se hace sentir siempre un absoluto descrédito de una institución, el Estado, que por muchos conceptos sigue siendo el Estado colonial de siempre[11]. Y se revela la necesidad de permanecer al margen de la sociedad opresora, creando al efecto espacios que estén fuera del control de los poderosos[12], al amparo de realidades muy heterogéneas y diversas, con formas de coordinación muy flexibles, a menudo tan laxas que parecen ocultar la organización que, pese a ello, está por detrás[13].

EL ZAPATISMO Y CHIAPAS

Desde 1994, y con el concurso del Ejército Zapatista de Liberación Nacional (EZLN), se hace valer en Chiapas, en México, un sugerente movimiento que comúnmente se conoce con el nombre de zapatismo. Hugo Marcelo Sandoval Vargas identifica en ese movimiento una franca oposición a la toma del poder y a los proyectos vanguardistas, la promoción de espacios de encuentro que ni hegemonicen ni homogeneicen, y "el respeto, el reconocimiento, la

9. Kom'boa Ervin, 2016: 26-28.
10. Kom'boa Ervin, 2016: 43.
11. Zibechi, 2016: 45.
12. Zibechi, 2016: 48-49.
13. Zibechi, 2016: 44.

solidaridad y la escucha"[14]. Si en inicio los militantes del EZLN respondían a la imagen tópica de una guerrilla que llegaba de la ciudad para liberar a los explotados, pronto se percataron de que tenían que aprender, y mucho, de las comunidades indígenas. La guerrilla en cuestión abandonó al cabo toda la mitología vinculada con la toma del poder, con la instauración del socialismo desde arriba y con la subordinación de las masas[15]. La autoorganización de estas últimas se convirtió en elemento fundamental del proyecto, lejos, por añadidura, de la pretensión de disponer de verdades absolutas. "Cuando el rebelde topa con la silla del PODER (así, con mayúsculas), la mira detenidamente, la analiza, pero en lugar de sentarse va por una lima de esas para las uñas y, con heroica prudencia, le va limando las patas para que, a su entender, queden tan frágiles que se rompan cuando alguien se siente" (subcomandante Marcos)[16].

Y es que resulta obligado subrayar que el EZLN ni establece ni impone decisiones: estimula que se tomen autónomamente por las comunidades. Más bien pareciera que son los zapatistas quienes aprenden de los campesinos, y no al revés. Lejos de intentar imponer el marxismo-leninismo del que eran inicialmente portadores, los guerrilleros que más adelante dieron pie al EZLN asumieron la doble tarea de escuchar a los indios y aprender de ellos. En vez de "andar predicando" se trataba, en otras palabras, de andar "preguntando"[17], de la mano de lo que se antoja un manifiesto rechazo de la visión, tan cara a Lenin, que entiende que los obreros, por sí solos, no son capaces de producir conciencia de clase y teoría

14. Sandoval Vargas, 2013: 239.
15. Sandoval Vargas, 2013: 240.
16. Cit. en Sandoval Vargas, 2013: 237.
17. Grosfoguel, 2007: 75.

revolucionaria, de tal suerte que una y otra tienen que ser insufladas, desde fuera, por... los intelectuales burgueses[18]. Buena parte de lo que había que aprender, por lo demás, tenía su origen en las formas de vida descentralizadas y comunales que los indios habían desarrollado desde tiempo inmemorial[19]. El resultado ha sido —o ha querido ser, porque nada hay perfecto— un sistema sin burocracias, ni civiles ni militares, que decidan por los demás, en un escenario en el que por añadidura se ha registrado un esfuerzo encaminado a acabar con las relaciones de subordinación de raza, género, generación, saber y poder heredadas del pasado[20]. Esa operación ha reclamado en buena medida —lo diré una vez más— la recuperación de muchas tradiciones de carácter comunitario[21].

Dejaré claro que el zapatismo contemporáneo no constituye en modo alguno un "movimiento anarquista", algo que solo preocupará a algún tipo de anarquista dogmático y cerrado[22]. Defiende, sin embargo, un socialismo distinto del avalado por la socialdemocracia europeo-occidental y por los sistemas de tipo soviético, algo que acerca al anarquismo muchas de sus percepciones. Postula un socialismo indígena, un socialismo de los pobres, que en buena medida bebe de las tradiciones comunales de los mayas[23]. Inmerso en una lucha constante contra la corrupción y reacio a aceptar las figuras de los liberados y los revolucionarios profesionales, muestra un claro designio de vivir sin el capital y sin el Estado —nada hay que pedir a

18. Grosfoguel, 2007: 76.
19. Lynd y Grubacic, 2011: 13.
20. Zibechi, 2014: 26.
21. Zibechi, 2014: 31.
22. Una réplica a ese tipo de anarquismo se encontrará en Dirik y Stanchev, 2018.
23. Hodges, 1995: 192-193.

este—, y, con él, aspira a poner los cimientos que eviten la aparición de nuevas clases y de nuevas burocracias[24].

Si tengo que resumir en cinco grandes rasgos la apuesta zapatista, el primero lo aporta, sin duda, la defensa de la autonomía y de la autogestión, al calor de un movimiento asambleario, horizontal y de democracia directa que renuncia —como ya he señalado— a una eventual toma del poder y a todo proyecto de vanguardia separada de la población[25]. El segundo asume la forma de la búsqueda de una soberanía y de una independencia plenas en el terreno económico[26], siempre al margen del Estado, pero con el concurso de la solidaridad foránea. La propuesta correspondiente se asienta en el deseo de sortear el vínculo estrecho que marca, en el mundo opulento, la vida y el trabajo: hay algo más allá del trabajo y de su mecanización obsesiva, algo que reclama otorgar al tiempo la importancia que merece. El tercero llega de la mano del objetivo, central, de desarrollar servicios comunitarios básicos. Si el sistema educativo ha registrado un despliegue lento, y arrastra numerosas deficiencias, el sanitario parece, en cambio, mucho más asentado y eficiente. Uno y otro se levantan sobre el designio de esquivar dependencias con respecto a las instituciones, que buscan conscientemente tales dependencias para intentar apartar del proyecto zapatista a muchos campesinos (y a muchos militantes zapatistas)[27]. Un cuarto rasgo, decisivo, es el propósito de recuperar las tierras que fueron sustraídas a las comunidades indígenas: "No dejaremos, como pueblos originarios, que

24. Flood, 2013: 366.
25. Lynd y Grubacic, 2011: 9.
26. Lynd y Grubacic, 2011: 4.
27. El zapatismo está lejos de ser —lo repetiré— un movimiento perfecto. Sus innegables fracasos a menudo se han vinculado con la aparición de personas o grupos empeñados en dirigir el movimiento. Véase Sandoval Vargas, 2013: 249.

nos quiten nuestra madre tierra y las riquezas naturales"[28]. El quinto y último, en fin, concede un papel central a las mujeres en todos los órdenes de la vida, y en singular en las asambleas, convertidas, por añadidura, en promotoras de muchas iniciativas[29]. Ese papel se levanta sobre la conciencia de cómo aquellas fueron visiblemente marginadas en el pasado[30].

EL CONFEDERALISMO DEMOCRÁTICO Y ROJAVA

Fuera de determinados círculos, las más de las veces vinculados con el mundo anarquista y afín, lo que sucede desde hace unos años en Rojava es comúnmente desconocido. La región en la que se desarrolla un experimento de confederalismo democrático tiene algo menos de 20.000 kilómetros cuadrados, está situada en el norte de Siria, cuenta con mayoría de población kurda y es un país rico en petróleo, gas natural y agua dulce, sometido a la codicia de varias potencias externas. En la gestación del singularísimo fenómeno de Rojava se han dado cita elementos varios: los efectos de la "primavera árabe", la guerra que se libra en Siria, los sucesivos embargos internacionales, la presencia del Estado Islámico y de sus lazos con Turquía, la pésima relación de las comunidades kurdas con esta última, las tensiones de esas comunidades con el gobierno sirio y, para terminar, y claro, los intereses de grandes potencias como Estados Unidos, la Unión Europea y Rusia. El escenario bélico consiguiente ha tenido consecuencias de orden diverso. Por un lado, ha dificultado el despliegue de muchas iniciativas y ha generado la necesidad

28. Cit. en Fernández, Giraldo y Márquez, 2015: 55.
29. Zibechi, 2014: 72.
30. Flood, 2013: 366.

imperiosa de construir y mantener unas fuerzas armadas más o menos convencionales[31]. Por el otro, y sin embargo, de la mano del impulso ofrecido a la autodefensa y al amparo del abandono de infraestructuras por unos y otros, ha dado alas a un proceso emancipatorio entre la población local[32]. La revolución rojaviana ha adquirido carta de naturaleza, en fin, en un escenario tétrico como es el del oriente próximo. Ha aportado al respecto, frente a las corrientes dominantes, un horizonte de autogestión que rompe con las divisiones religiosas y étnicas, que coloca a las mujeres en un primer plano y que propone perspectivas muy diferentes de las que se vinculan con Israel, el policía regional impuesto por Occidente, con las petromonarquías o con gobiernos dictatoriales de uno u otro cariz. Ha aportado también, por cierto, ejemplos consistentes de solidaridad internacionalista, plasmados en la activa presencia de muchos voluntarios foráneos.

Hay dos interpretaciones diferentes de cómo vio la luz en Rojava un proyecto de confederalismo democrático. La primera coloca en el centro de lo ocurrido a la principal fuerza política kurda, el Partido de los Trabajadores del Kurdistán (PKK), y a su máximo dirigente, Abdullah Öcalan, encarcelado en Turquía desde tiempo atrás. Conforme a esta visión de los hechos, la lectura, por Öcalan, de los textos del anarquista norteamericano Murray Bookchin habría provocado un giro radical en las percepciones del líder kurdo. Este último, mal que bien, habría provocado que el PKK, una fuerza hasta entonces de adhesión marxista-leninista, pasase a asumir un proyecto de corte libertario[33]. En 2005 el PKK declaró una tregua encaminada a facilitar un horizonte de construcción de

31. Kocabiçak, 2016: 64.
32. Sabio, s. f.: 28.
33. Albani, s. f.: 45.

formas de confederalismo democrático[34] y en 2013 estas últimas adquirieron carta de naturaleza en el escenario preciso de Rojava. La segunda de las interpretaciones, un tanto recelosa de las secuelas del frecuente culto a la personalidad en la figura de Öcalan —quien pareciera que hubiese iluminado repentinamente a sus acólitos, que habrían seguido miméticamente sus instrucciones—, echa mano de una explicación diferente, más vinculada con cambios paulatinos en las percepciones de la resistencia kurda. Con arreglo a esta visión, en esta última se habría instalado la conclusión de que el designio de forjar un Estado propio, saldado en una colisión frontal con los aparatos represivos de cuatro países —Turquía, Siria, Iraq e Irán—, no habría provocado otra cosa que derrotas y sinsabores. De resultas, habría cobrado cuerpo, de manera en buena medida espontánea, una apuesta en provecho de la construcción de una sociedad autoorganizada desde abajo, lejos de la institución Estado. Esa apuesta habría bebido de un rechazo, previo, del Estado, un rechazo muy extendido entre las comunidades kurdas y vinculado con realidades varias como las relativas al servicio militar y sus secuelas, a la recaudación de impuestos, a la realidad cotidiana de unas escuelas que enseñaban una lengua ajena[35] y, naturalmente, a la represión. A lo anterior se habría sumado la reivindicación de un pasado de corte comunitario que habría coexistido, según los lugares y momentos, con otro marcado por ribetes autoritarios[36].

Parece que lo más sensato es dar por cierto que las dos versiones de lo ocurrido que acabo de manejar alguna relación guardan con los hechos, de tal manera que se impone concluir que estos son el producto de una suerte

34. Graeber, 2016: 21.
35. VVAA, 2013: 386.
36. VVAA, 2013: 388.

de combinación de ambas. Las cosas como fueren, en Rojava ha despuntado una fórmula de autoorganización comunitaria y democrática desarrollada al margen del Estado. En la interpretación más común, este último ha promovido interesadamente rencillas interétnicas y se ha mostrado incapaz de resolver los agudos problemas sociales que se revelan. Frente a ello han cobrado cuerpo consejos horizontales que, dirigidos por dos copresidentes, una mujer y un hombre, hacen posible el ejercicio de la democracia directa y disfrutan de un grado muy notable de autonomía. A su amparo se han perfilado comunas que con frecuencia parecen contar con unos trescientos integrantes, unas dimensiones que permitirían el ejercicio de fórmulas —lo repito— de democracia directa[37]. La estructura correspondiente tiene, por añadidura, un carácter federal, en su caso confederal, de tal manera que los niveles superiores desempeñan una tarea de coordinación y de aplicación de lo que deciden los inferiores[38], conforme a un proyecto que responde a una reinterpretación del municipalismo libertario de Murray Bookchin. Cierto es que, extramuros del sistema que me ocupa, ha pervivido una estructura que recuerda a la propia de un Estado, con ministerios, Parlamento…, claro que sin instancias de corte impositivo[39]. Tanto en las organizaciones de base como en las de rango superior se ha procurado preservar un notable pluralismo, como lo demuestran el hecho de que en Rojava opere, con libertad para desarrollar su trabajo, una quincena de partidos[40] y la garantía de respeto de los derechos de los integrantes de los distintos grupos étnicos presentes en el territorio.

37. Sabio, s. f.: 86.
38. Albani, s. f.: 47.
39. Graeber y Öğünç, 2014.
40. Sabio, s. f.: 78-79.

En el núcleo del sistema económico se hallan numerosas cooperativas estrechamente relacionadas con las comunas y regidas por códigos autogestionarios e igualitarios. Beben, en un grado u otro, de proyectos de desmercantilización de las relaciones, de despliegue paralelo de formas de apoyo mutuo y de conciencia preclara de lo que significan delicados equilibrios medioambientales. Cuando llega el momento de justificar el sentido de fondo de la apuesta cooperativa, lo normal es que se recuerde que el experimento de Rojava se halla alejado por igual del capitalismo y del socialismo de Estado a la soviética.

Tal y como sucede en Chiapas, corresponde a las mujeres, garantía mayor de la sostenibilidad y sujeto principal de las cooperativas, un papel protagónico en todo lo que ocurre en Rojava. Se ha abierto camino una conciencia cristalina en lo que respecta a un hecho fundamental: existe una estrecha relación entre la centralización promovida por los Estados y las reglas de la sociedad patriarcal[41]. En la trastienda despunta la idea de que ningún movimiento de emancipación puede prosperar si no se asienta en la liberación de las mujeres. "Quizá es la primera vez en la historia que las mujeres han desempeñado un papel tan importante en la organización de una revolución. Luchan en el frente, actúan en posiciones de mando y participan en la producción"[42].

Cierto es que tampoco en Rojava faltan los problemas. Mencionaré entre ellos, antes que nada, la preservación, pese a todo, de estructuras estatales o paraestatales. Y recordaré las críticas que ha suscitado, y suscita, el papel desempeñado por el PKK, que seguiría desempeñando, según una versión de los hechos, una función directora no

41. Ayboga, Flach y Knapp, 2017: 24.
42. Zübeyde Sari, cit. en Ayboga, Flach y Knapp, 2017: 139.

exenta de flujos autoritarios[43]. Por no hablar del culto a la personalidad en la figura de Abdullah Öcalan, y ello por mucho que sea innegable que la condición de preso de este último en alguna medida atemperaría el relieve del fenómeno. Agregaré, en fin, que perviven las disputas en lo que hace a una cuestión importante: la de si el proyecto multiétnico perfilado en Rojava ha conseguido integrar en plenitud, no solo a los kurdos, sino también a árabes cristianos, armenios y turcos. Las reticencias al respecto afectan fundamentalmente a lo que se suele llamar el "cinturón árabe", en donde residen ante todo árabes instalados por las autoridades sirias en las décadas de 1950 y 1960 para marginar y asimilar a los kurdos[44]. En cualquier caso, en Rojava se hacen valer —ya lo he anotado— medidas expresas de protección de los derechos de las minorías.

43. Sabio, s. f.: 109.
44. Graeber y Ögünç, 2014.

CAPÍTULO 9

ANARCOINDIGENISMO, ANARCAINDIGENISMO, ANARC@INDIGENISMO

El debate sobre el anarcoindigenismo, y sobre algunos conceptos afines, se ha desarrollado ante todo en Canadá y en Estados Unidos, aun cuando tenga manifestaciones más o menos similares en otros escenarios. La formulación correspondiente parte de la aceptación de que anarquismo e indigenismo[1] son dos propuestas distintas que es posible, y deseable, sin embargo, relacionar. A ellas se debe agregar una tercera, la del feminismo, que justificaría la irrupción de los términos "anarcaindigenismo" y "anarc@indigenismo". Por detrás se encontraría, en lugar central, la inferencia de que los anarquistas pueden operar como aliados de las comunidades indígenas[2], al amparo de una propuesta que tiene, por cierto, mayor relieve en Canadá que en Estados Unidos, país este último en el que muchos indios habrían aceptado la versión oficial que, sobre el anarquismo, y con la mención ritual de la

1. Probablemente no es preciso señalar que el indigenismo del que hablo nada tiene que ver con el proyecto, que se ha revelado en varias oportunidades en la América Latina del siglo XX, de construir un movimiento intelectual llamado a europeizar la subjetividad de los indios; véase Quijano, 2014d: 645.
2. Alfred, 2010: 2.

presunta violencia de los grupos correspondientes, emiten las autoridades[3].

LA FUSIÓN ENTRE ANARQUISMO E INDIGENISMO

Desde la perspectiva anarcoindigenista es necesario que el anarquismo, en su empeño de contestar todas las formas de opresión y dominación, coloque en el centro de sus reflexiones y prácticas la discusión colonial —también la feminista—, y busque de resultas una aproximación al indigenismo[4]. Semejante tarea se antoja tanto más urgente cuanto que lo común es que esas discusiones hayan sido obviadas por muchos anarquistas. Entre los objetivos mayores del anarcoindigenismo se cuentan cuestionar los discursos y las instituciones que tienen un carácter opresor, y que perpetúan la injusticia, y procurar hacerlos visibles a los ojos de la sociedad; respaldar conocimientos que han sido desacreditados por las diferentes instancias de poder, y construir "conceptualizaciones activistas de investigación" de carácter crítico[5]. En la trastienda opera el designio de alimentar nuevas prácticas de resistencia y, con él, el de romper el casi monopolio de la reflexión teórica que hasta hoy ha beneficiado a la Europa occidental y al norte del continente americano[6]. El círculo se cierra con el propósito, ineludible, de dejar atrás el capitalismo, de la mano ante todo de la construcción de alternativas genuinas a este[7].

---

3. Alfred, 2010: 1.
4. Lewis, 2012: II.
5. Cannella y Manuelito, cit. en Lewis, 2012: 17.
6. Lewis, 2012: 31.
7. Coulthard, 2014: 173.

Varias son las herramientas de la lucha anarcoindigenista. Una de ellas es el designio de recuperar instancias y formas de vida tradicionales, y de hacerlo al margen de la institución Estado y de sus imposiciones. Actuar dentro de los parámetros del Estado no hace sino fortalecer este[8]. O, como lo subraya Fanon, "crear Estados, instituciones y sociedades que se inspiran en Europa es pagar un tributo a esta última en un momento en el que la humanidad espera de nosotros algo distinto de esa imitación caricaturesca y obscena"[9]. Pero se trata también de rechazar eventuales alianzas con los diferentes sistemas de opresión, de alimentar espacios autodeterminados en los que no se hagan valer relaciones coactivas y jerárquicas, de respetar formas de organización muy dispares[10], de desarrollar prácticas de acción directa, de configurar alternativas frente a los sistemas estatista, capitalista, patriarcal y colonial[11], y de asumir todas las tareas mencionadas sin renunciar al establecimiento de horizontes globales[12]. Si, en sí mismas, todas estas herramientas pueden ser compartidas sin mayores problemas por los anarquistas, del lado de estos cabe esperar un esfuerzo de comprensión de lo que, para las comunidades indígenas, supone la discusión sobre la tierra, escenario fundamental de una historia de colonización, desposesión y robo[13]. Viveiros de Castro sostiene que la condición de indígena se asienta, en su esencia, en una relación primordial con la tierra:

Significa formar parte de una comunidad ligada a un lugar específico, esto es, integrar un pueblo. Ser ciudadano, por el contrario, significa

8. Churchill, 2007, y Churchill, 2002..
9. Fanon, 2002: 304.
10. Lasky, 2011: 2.
11. Alfred, 2005: 46; Lewis, 2012: 48; y Simpson, 2008.
12. Lasky, 2011: 11.
13. Lewis, 2012: 49.

formar parte de una *población* controlada, y al mismo tiempo "defendida" y atacada, por un Estado. El indígena mira hacia abajo, hacia la tierra que le es inmanente; saca su fuerza del suelo. El ciudadano mira hacia arriba, hacia el espíritu encarnado en la forma de un Estado trascendente: recibe sus derechos de lo alto[14].

Vine Deloria Jr. ha subrayado, con la misma vocación, que para los indígenas la disposición de sus tierras alcanza un relieve decisivo, hasta el punto de que todo se ordena en torno a ella[15]. Recuperar esas tierras tiene, entonces, un carácter prioritario, como lo tiene el desmantelamiento de los Estados coloniales y de los aparatos extractivistas que muy a menudo los acompañan[16].

De manera inevitable, el anarcoindigenismo defiende el derecho de autodeterminación para las comunidades indígenas y alienta un respeto pleno de las decisiones que estas puedan tomar al respecto[17], incluidas las que afecten a la restitución de las tierras confiscadas. Esto es lo que parecen rechazar vivamente, sin embargo, todos los Estados, con frecuencia dispuestos a reconocer sus culpas del pasado pero indeleblemente empeñados en un doble proceso de integración —aparentemente generosa, subterráneamente interesada— de los indígenas y de negación cabal de la capacidad de estos para decidir su futuro. En semejante escenario no es de extrañar que muchas de las comunidades resistentes vean con malos ojos un discurso, el dominante, que pretende arrinconar cualquier reacción emocional agresiva del lado de las víctimas, como si tal reacción no fuese una respuesta objetiva, y sensata, a las agresiones padecidas y como si el resentimiento no fuese

14. Viveiros de Castro, 2027b: 4.
15. Vine Deloria Jr., cit. en Lewis, 2012: 51.
16. Jiménez y Mariblanca, 2016: 9.
17. Aragorn!, 2005: 5, y Coulthard, 2014: 127.

"la expresión refleja de una protesta moral"[18]. En realidad, la propuesta anarcoindigenista no es un proyecto diferente del que pusieron en marcha a principios del siglo XX indígenas y anarquistas en Perú, en México o en Bolivia[19]. Liebner adelanta al respecto un argumento sugerente: el que anota que la certificación de lo que supuso la primera guerra mundial, con su reguero de barbarie y de muerte, abrió los ojos a muchos indios en lo que respecta a la idea de que lo que llegaba de Europa no era precisamente saludable, de tal manera que se hacía inexcusable escarbar en las raíces propias[20].

ANARCOFEMINISMO, ANARCAINDIGENISMO

Ya he sugerido que en la mayoría de las formulaciones la propuesta anarcoindigenista incorpora un tercer vector: el feminismo. Al respecto lo primero que hay que recordar es que desde el anarcofeminismo se estima que para acabar con el patriarcado es preciso hacer otro tanto con el Estado, y viceversa, de tal suerte que el empeño de preservar la institución Estado no puede tener ningún efecto saludable en materia de liberación de las mujeres. El anarcofeminismo no duda en subrayar, por otra parte, que en el propio mundo anarquista perviven muchas de las señas de la sociedad patriarcal, secuelas de fenómenos entre los cuales se cuentan los efectos de la socialización correspondiente, los de una tradición anarquista de carácter sexista o los de prioridades estratégicas como las que, por ejemplo, subordinan todo lo demás a la lucha contra el capitalismo[21].

18. Coulthard, 2014: 108.
19. Leibner, 2017: 2-3.
20. Leibner, 2017: 9.
21. Lewis, 2012: 149, quien cita a Francis Dupouis-Déri.

Cierto es, en un sentido diferente, que las propias anarcofeministas, comúnmente vinculadas con los sectores de población blanca que nutren al feminismo, necesitan acometer un ejercicio de descolonización de su discurso, similar, por lo demás, al que debe asumir, en términos generales, el propio anarquismo. Janet McCloud ha concretado al respecto alguna demanda precisa dirigida al anarcofeminismo:

> Uníos a nosotras en la liberación de nuestra tierra y de nuestras vidas. Perded los privilegios que habéis adquirido a nuestras expensas en virtud de la ocupación de nuestra tierra. Haced de esto la mayor prioridad mientras esa ocupación se mantiene. Entonces nos uniremos a vosotras para afrontar, si es preciso, los problemas de clase y de género presentes en vuestra sociedad. Pero, si no estáis dispuestas a hacerlo, no nos digáis cómo debemos liberarnos[22].

Salta a la vista, con todo, que el ejercicio mencionado no solo debe afectar al anarcofeminismo: tiene que alcanzar también al feminismo en general, como lo sugieren muchas de las propuestas que han llegado desde instancias tan dispares como el feminismo lesbiano, el negro o el chicano, en las que se abren camino las "otras" mujeres, "racializadas, empobrecidas, migrantes, indígenas, LGTBI, musulmanas"[23], a menudo de la mano de proyectos que son al tiempo anticapitalistas, antirracistas y antipatriarcales[24].

El ejercicio de descolonización tiene que resaltar la relación existente entre colonialismo y patriarcado, y entender que este último es una herramienta esencial de la colonización de las comunidades indígenas, desarrollado a

22. Cit. en Lewis, 2012: 165.
23. Medina, 2013: 53, 57 y 63, y Suárez y Hernández, 2008.
24. Medina, 2013: 64.

través de la creación de relaciones jerárquicas en el marco de sociedades generalmente igualitarias[25]. Las comunidades indígenas han internalizado al respecto el heteropatriarcado al amparo de una reubicación de las mujeres, y de los niños, como objetos de la dominación masculina. Esas comunidades deben preservar su autonomía mientras pelean por hacer frente a la violencia sistémica y simbólica padecida por las mujeres, una violencia institucionalizada que se refleja en relaciones materiales de opresión, manifiestas a través de la pobreza, el desempleo, los encarcelamientos, las enfermedades crónicas o la ausencia de viviendas. Pero que se revela también a través de una violencia invisible[26] de la que participan, cómo no, los propios integrantes varones de las comunidades. En semejante escenario no hay que descartar la posibilidad de recuperar muchas reglas del juego que se hicieron valer en el pasado y que con frecuencia otorgaban a las mujeres papeles centrales en la toma de decisiones o reflejaban el ascendiente de códigos matrilineales. A tono general con la propuesta anarcoindigenista, la lucha correspondiente tiene que desplegarse desde una oposición a la institución Estado, a la violencia ejercida por este y a las estrategias reformistas de cambio social[27]. Y por lógica habrá de basarse, una vez más, en la construcción, o en el fortalecimiento, de comunidades que contesten el colonialismo, el patriarcado y el Estado.

EN RESUMEN

Intento recoger aquí, de manera sucinta, algunas de las ideas principales que he desarrollado en este libro. Se

25. Andrea Smith, cit. en Lewis, 2012: 152.
26. Coulthard, 2014: 177.
27. Smith, 2008.

refieren, en sustancia, a cinco materias: el ascendiente de la modernidad sobre el anarquismo, la urgencia de descolonizar pensamientos y prácticas, la actualidad de los debates correspondientes, la necesidad de buscar proyectos de confluencia y, en fin, el muy loable propósito de reflotar, dándole nuevas alas, la propuesta anarquista.

1. Aunque el escenario ha cambiado en las últimas décadas, el "anarquismo europeo" ha sido a menudo rehén de la modernidad o, al menos, de una parte de esta. Ha sucumbido con frecuencia al hechizo que producían la ciencia, la tecnología y el progreso, no ha aportado respuestas convincentes a muchas de las reglas propias de las sociedades patriarcales y, más allá de todo lo anterior, ha dado por descontado que la "civilización occidental" era superior, y ello por mucho que criticase el sinfín de aberraciones que la acompañaban. Ha demostrado ser un proyecto tan cargado de buenas intenciones como asentado en cimientos delicados que en buena medida desdecían lo que cabía entender que era la perspectiva anarquista de la emancipación. Todo ello se antoja innegable aun cuando no hayan faltado, felizmente, las excepciones, Una de ellas, significativa, la retrata Huascar Rodríguez García en el caso de Bolivia: "A pesar de todo, los cholos anarquistas incorporaron en sus praxis y discursos un reconocimiento explícito de las relaciones sociales coloniales que mantenían al indio en una situación de explotación y discriminación"[28]. Desde mi punto de vista, y de cualquier modo, no hay ningún motivo sólido que invite a concluir que el cuerpo de ideas y de conductas del "anarquismo europeo" sea ontológicamente preferible a las prácticas libertarias espontáneas de muchas comunidades indígenas. Más bien

28. Rodríguez García, 2014: 306.

me parece que el primero ganaría si, al menos en una de sus dimensiones, procurase ser un desarrollo de las segundas.

2. Es una tarea urgente la que nos emplaza a descolonizar/decolonizar nuestro pensamiento, recuperando al efecto un sinfín de conocimientos que la perspectiva eurocéntrica al uso excluyó o ignoró sobre la base de la percepción de que remitían a una etapa mítica, premoderna y precientífica[29]. No solo se trata, con todo, de eso: en la percepción de Quijano hay que propiciar la igualdad social de individuos heterogéneos y diversos, apuntalar organizaciones que sean el producto de decisiones libres y autónomas, redistribuir igualitariamente los recursos mundiales y propiciar una asociación comunal de la población planetaria[30]. Es preceptivo huir, en paralelo, de la pretensión de disponer de explicaciones cabales que den cuenta de un mundo marcado por reglas que la propia modernidad establece, y a las que todos tienen que someterse. Frente a la universalidad imperial, y en palabras de Walter Mignolo, habría que defender entonces la pluriversalidad decolonial[31]. El universalismo que me ocupa alcanza —importa subrayarlo— al propio Marx. Si bien es verdad que este habla desde un lugar particular, el del proletariado, no es menos cierto que "no problematiza el hecho de que ese sujeto sea europeo, masculino, heterosexual, blanco, judeocristiano, etc. El proletariado de Marx es un sujeto en conflicto en el interior de Europa; lo que no le permite pensar fuera de los límites eurocéntricos del pensamiento occidental"[32]. Lo anterior impide que Marx —y muchos

29. Medina, 2013: 60, y Castro-Gómez y Grosfoguel, 2007.
30. Quijano, 2014a: 857.
31. Mignolo, 2007: 31, Mignolo, 2000.
32. Grosfoguel, 2007: 69.

anarquistas que arrastran la misma tara— atribuya a los pueblos no europeos la capacidad de producir un pensamiento digno de participar en el legado filosófico de la humanidad o en la historia mundial[33].

Silvia Rivera Cusicanqui recuerda, por otra parte, que no puede haber un discurso, o una teoría, de la descolonización sin una práctica descolonizadora. Las propuestas del multiculturalismo y de la hibridación tienen —agrega— varios objetivos:

> Suplantar a las poblaciones indígenas como sujetos de la historia, convertir sus luchas y demandas en ingredientes de una reingeniería cultural y estatal capaz de someterlas a su voluntad neutralizadora. Un "cambiar para que nada cambie" que otorgue reconocimientos retóricos y subordine clientelarmente a los indios en funciones puramente emblemáticas y simbólicas, una suerte de "pongueaje cultural" al servicio del espectáculo pluri-multi del Estado y de los medios de comunicación masiva[34].

Nunca se subrayará lo suficiente que los Estados que han surgido de la descolonización han asumido y han reproducido, visiblemente, la herencia de las administraciones coloniales de otrora[35]. "Es absolutamente imposible argumentar, en el campo estatal, a partir de la radical pluralidad de concepciones de vida humana que existen bajo el sol", apostilla Segato, quien enfatiza el carácter "colonial/moderno" de los derechos humanos[36]. Quijano, quien, por su parte, se remite a Mariátegui, apostilla que

---

33. Grosfoguel, 2007: 70.
34. Rivera Cusicanqui, 2014: 62. El pongueaje obligaba a los campesinos a trabajar, y a aportar semillas y herramientas, a cambio de utilizar una parcela de tierra y de recibir una parte, comúnmente ínfima, de los beneficios generados.
35. Segato, 2015: 19.
36. Segato, 2015: 25.

una revolución socialista no puede "consistir en una nueva reconcentración burocrática del poder": adquirirá sentido, antes bien, "como redistribución entre las gentes, en su vida cotidiana, del control sobre las condiciones de su existencia social"[37]. No parece difícil relacionar esta perspectiva con la enunciada por tantos pensadores anarquistas.

En este orden de cosas, una tarea primordial es la que reclama respetar y, en su caso, restaurar. Trabajar para que reaparezca en plenitud, por ejemplo, el "buen vivir" vinculado con la comunidad, con el apego a la tierra, con el deseo de compartir, con la concepción del trabajo como fiesta, aprendizaje y crecimiento, con el rechazo de la idea de desarrollo —esa paradoja eurocéntrica que postula modernidad sin des/colonialidad, en palabras de Aníbal Quijano[38]—, y con la reciprocidad y la redistribución[39]. Quien, eventualmente, nos reprocha que idealizamos lo que son y lo que hacen los indios, o los negros, ¿está dispuesto a no idealizar, en paralelo, la razón occidental? Eduardo Viveiros de Castro subraya, en suma, que en su país, Brasil, son muchos los estudios sobre los indios a los que estos interesan en exclusiva como "parte de Brasil", y no como tales, esto es, como indios o como sociedades indígenas[40]. Del riesgo de confundir lo uno y lo otro no estamos liberados los demás. Bien podría ocurrir, por ejemplo, que las comunidades indígenas nos atrajesen en exclusiva en virtud del imaginable vínculo que establezcamos entre su organización social o su economía, por un lado, y las ideas-matriz del anarquismo, por el otro, de tal suerte que, de nuevo, los indios como tales a duras penas nos interesen.

37. Quijano, 2014b: 827.
38. Quijano, 2014a: 848, y Escobar, 1996.
39. Zibechi, 2014: 227, y Acosta, 2013.
40. Viveiros de Castro, 2017a: 397.

3. Las disputas que me atraen en esta obra no son cosa del pasado: remiten, por el contrario, a realidades estrictamente contemporáneas. Lo hacen, sin ir más lejos, en la forma de la preservación de valores en el imaginario colectivo, y ello por mucho que los desarrollos correspondientes se hayan diluido en la nada o hayan pervivido de manera difusa. No está de más recordar, con Fanon, que lo que sucedió mucho tiempo atrás —así, el despliegue de prácticas libertarias por una u otra comunidad— bien puede reaparecer hoy o mañana[41]. Esto al margen, y en sentido diferente, el tétrico pasado colonial no ha muerto. Al respecto hay quien se ha servido distinguir ente colonialismo y colonialidad. Si el primero remite a procesos materiales que se hicieron valer entre el siglo XVI, por un lado, y los siglos XIX y XX, según los escenarios, por el otro, la segunda da cuenta de un "entramado de formas por las cuales se sostiene la dominación colonial aun habiendo terminado el colonialismo"[42]. Ese ejercicio de sostenimiento no solo remite a la esfera político-económica, sino que alcanza ámbitos como los de la concepción del ser, la construcción del conocimiento, las relaciones entre mujeres y hombres, o los vínculos con la naturaleza[43]. En este orden de cosas sería precisa una suerte de segunda descolonización que debería afectar a un sinfín de relaciones raciales, étnicas, sexuales, epistémicas, económicas y de género que la primera descolonización dejó indemnes[44].

En la trastienda, en fin, colea una discusión de siempre, cual es la relativa a la condición de la naturaleza humana. Muchas de esas comunidades indígenas que

41. Fanon, 2002: 229.
42. Montañez Pico, 2018: 6.
43. Montañez Pico, 2018: 7.
44. Medina, 2013: 59.

han abrazado prácticas libertarias plantan cara con claridad a la idea hobbesiana de que el hombre es un lobo para el hombre, y con ella a sus dos secuelas principales: la que apunta que dejados en nuestro estado natural la vida es sucia, breve y bruta, y la que señala que para enderezarnos precisamos inexorablemente un poder que se imponga.

4. Hay que trabajar por el establecimiento de alianzas anarcoindígenas, o anarconegras, que permitan una mutua fecundación de la mano de proyectos como el que plantea el anarco-indigenismo-feminismo[45]. O, lo que es lo mismo, hay que buscar lugares de encuentro entre comunidades y tradiciones, asentados en el apoyo mutuo y levantados sobre la base de una red de sujetos autónomos que pueden cambiar según los momentos[46]. La herramienta principal al respecto bien puede ser lo que Grosfoguel llama "un diálogo horizontal liberador, en oposición al monólogo vertical de Occidente". En el buen entendido de que ese diálogo no es imaginable mientras pervivan la diferencia colonial[47] y no cuestionemos los cimientos de la sociedad patriarcal.

La existencia de una comunidad de ideas, de sentimientos y de prácticas no obliga a concluir que todo lo que viene del Norte —permítaseme el empleo de esta metáfora— es perverso y todo lo que llega del Sur es, por el contrario, saludable. Semejante certificación no puede verse acompañada, sin embargo, de un olvido: el de que, comoquiera que la agresión llegó del Norte, parece obligado que ese mismo Norte asuma sus deudas y abandone toda ínfula de superioridad. Del otro lado del espejo, y en la

45. Rivera Cusicanqui, 2007.
46. Lewis, 2012: 37.
47. Grosfoguel, 2007: 73.

configuración de esa comunidad de la que hablo, el Sur, menos corrompido, debe desempeñar un papel central.

5. Conviene que recuerde al lector que ninguna de las tesis defendidas en esta obra invita a tirar por la borda el bagaje del anarquismo europeo. Obliga, eso sí, a revisar algunos de los cimientos de este último, tarea que muchos anarquistas han asumido con entereza y diligencia en las últimas décadas. Parto de la convicción, de cualquier modo, de que la revitalización del anarquismo está llamada a producirse al compás, en un grado u otro, de la influencia que sobre él están llamadas a ejercer muchas comunidades indígenas que en unos casos se han entregado al despliegue de prácticas libertarias y que en otros conservan en su imaginario colectivo el eco correspondiente. Las cosas como fueren, estoy convencido de que importan mucho más las prácticas que las etiquetas con las que las califiquemos, como importa certificar de una vez por todas que el anarquismo contemporáneo ha conseguido descolonizarse de forma plena y convincente.

En el núcleo de la apuesta anarcaindigenista no puede faltar una provocación: la que sugiere que son tan numerosos y tan consistentes los ejemplos de comunidades humanas que han desarrollado, y en su caso desarrollan, prácticas libertarias, en todos los tiempos y en todos los continentes, que lo que al cabo debe parecernos excepcional es el miserable mundo del capital, del Estado y de la sociedad patriarcal.

EPÍLOGO

Tal y como he señalado en el prólogo a esta edición, me propongo recoger aquí, de manera sucinta, algunas de las discusiones que este libro ha provocado y algunos de los debates que han rodeado, de manera más general, a las materias por las que se ocupa. Como inmediatamente se verá, por estas páginas pasan la monumental obra de Graeber y Wengrow, la condición —una vez más— de los pueblos *primitivos*, el anarcoindigenismo, la relación de Élisée Reclus con el proyecto colonial, la apuesta canaca de Louise Michel, el nexo entre anarquismo y nacionalismo en lo que hace a la búsqueda de instancias comunitarias, la especialísima condición de Canarias, los gitanos y sus singularísimas manifestaciones, el renacimiento del apoyo mutuo y las disputas que afectan a eventuales romantizaciones y a la eterna discusión relativa a la naturaleza humana

GRAEBER Y WENGROW

Ya he subrayado en el prólogo el efecto vivificador que, sobre algunas de las discusiones desarrolladas en este libro, tiene la obra de David Graeber y David Wengrow titulada *The Dawn of Everything. A New History of Humanity*[1]. El trabajo de esos dos autores es un torpedo en la línea de flotación de una historia oficial cargada de preconceptos y empeñada en identificar una línea recta que conduce a un progreso que entiendo estamos obligados a cuestionar. Esa historia oficial se hace valer en franca defensa de la jerarquía, de las separaciones, de la desigualdad, de la explotación y de la violencia que han acompañado en su despliegue a la superstición hobbesiana. Así los hechos, los ideales de libertad, de igualdad y de democracia en modo alguno se antojan privativos de la tradición occidental[2]. Lo que habría que discutir, antes bien, es si, hablando en serio, se hallan en el núcleo de esa tradición, a menudo relacionada con el genocidio, la esclavitud, las violaciones, el asesinato masivo y la destrucción de pueblos enteros[3]. Graeber y Wengrow apuntalan, en ese orden de cosas, la certeza de que nuestros antepasados lejanos eran seres plenamente humanos[4], con frecuencia más valiosos que lo que lo somos nosotros. O al menos aquellos de nosotros que vivimos en sociedades en las que la sumisión a la autoridad y el imperio de la propiedad privada han dejado de lado todo aquello que huela a igualdad y apoyo mutuo solidario. Menudean los ejemplos, por lo demás, que ilustran que esos antepasados no eran ciegos seguidores de tradiciones absurdas ni creían estar supeditados a la voluntad divina[5].

En ese marco son muchos los tópicos que se cuestionan en las páginas de *The Dawn of Everything.* Me limito a recoger algunos de ellos. (a) No parece, por lo pronto, que en el desarrollo de la especie humana se revele ningún

1. Graeber y Wengrow, 2021.
2. Graeber y Wengrow, 2021: 17.
3. Graeber y Wengrow, 2021: 17.
4. Graeber y Wengrow, 2021: 24.
5. Graeber y Wengrow, 2021: 94.

patrón ajustado a la necesidad inexorable de atravesar fases evolutivas claramente establecidas. (b) Son muchos los ejemplos de comunidades que rechazaron el concurso de determinados adelantos técnicos, no por falta de pericia, sino en virtud de una decisión libre. (c) No hay motivos sólidos para concluir que la irrupción de la agricultura acarrease el surgimiento paralelo de la propiedad privada y un abandono del igualitarismo predecesor. (d) Parece demostrable que numerosas comunidades humanas entraron y salieron de la agricultura, de tal forma que sus integrantes trabajaron la tierra sin transformarse, hablando en propiedad, en agricultores e intentaron que los cultivos no fuesen cuestión de vida o muerte[6]. (e) Obligado resulta certificar, en paralelo, la dimensión subversiva de los grupos humanos que cambiaban, y cambian, de lugar de residencia y procuraban no vincularse en exceso con recursos fijos. (f) En numerosas sociedades la aparición, tímida, de la agricultura no implicó el abandono, sin embargo, de la caza y de la recolección. (g) No han faltado los casos de ciudades que se rigieron a sí mismas sin templos ni palacios, sin estratos dominadores ni jerarquías administrativas, en un escenario en el que nada invita a colegir que la irrupción de la ciudad llevaba aparejada, al tiempo, la del Estado. (h) Hay que ratificar el carácter difuso de la noción recién mencionada, la de *Estado*, muy manipulable al amparo del designio, forzado, de encontrar en el mundo antiguo el embrión de los Estados modernos. (i) Es urgente discutir el tópico que afirma que cuando la escala de una sociedad se incrementa sensiblemente se hace necesaria la presencia de una dirección política y de una administración burocrática. (j) Conviene concluir, en fin, que la burocracia no surgió para propiciar la acumulación de

6. Graeber y Wengrow, 2021: 260.

riqueza, sino para acabar con la realidad de sociedades mal que bien igualitarias. Dejaré hablar, en lo que hace a un pronóstico relativo a algo que previsiblemente se abrirá camino en el futuro, a Graeber y Wengrow: "Aspectos del pasado remoto que hoy entendemos que son anomalías –burocracias que trabajan en el ámbito de la comunidad, ciudades gobernadas por consejos vecinales, sistemas de gobierno en los cuales las mujeres disfrutaban de posiciones de preponderancia o formas de gestión de la tierra basadas en el cuidado antes que en la propiedad y la extracción- nos parecerán rupturas realmente importantes, en tanto las grandes estatuas y las pirámides de piedra se nos antojarán meras curiosidades históricas"[7].

He descrito *The Dawn of Everything* como un torpedo en la línea de flotación de la historia oficial, y he rehuido al efecto la afirmación de que se trata de una enmienda a la totalidad de esta última. ¿Por qué? Porque entiendo que el libro de Graeber y Wengrow es un trabajo prudente y riguroso que parte de la imposibilidad de establecer normas de carácter universal y desarrollos uniformes en el marco de una historia que lo es "de falsos comienzos, sobresaltos y retrocesos"[8]. Una historia caracterizada en su esencia por una enorme diversidad de situaciones y por relaciones extremadamente complejas.

VOLVER SOBRE LOS RASGOS DE LAS SOCIEDADES PRIMITIVAS

Permitirá quien me lee que vuelva sobre la caracterización, que he asumido ya en las páginas de este libro, de

7. Graeber y Wengrow, 2021: 523.
8. Graeber y Wengrow, 2021: 257

muchas de esas comunidades de aliento libertario, o libertarizante, a las que tantas veces me he referido. En este caso me limitaré a retomar un puñado de ideas caracterizadoras de esas comunidades que robo de textos, muy recomendables, que he leído en los últimos años. Tengo en mente los libros de Hermann Amborn, Francis Dupuis-Déri y Benjamin Pillet, el ya glosado de David Graeber y David Wengrow, Thom Holterman, Jaime Reig Vidal, Andrea Staid y Rodrigo Villalobos García[9], que creo ratifican, en sus términos generales, los rasgos descritos en este libro en lo que hace a la condición de esas comunidades. Cito entre ellos los que siguen.

En primer lugar, en esas comunidades la jerarquía se vincula a menudo con el mérito, con la sabiduría y con la capacidad de resolución de los problemas que muestran quienes se benefician de ella, que por lo común no disfrutan de un poder económico y de una fuerza bruta. Por otra parte, los liderazgos, de existir, no se trasmiten hereditariamente y no tienen un carácter permanente, de tal suerte que no existen, por lo demás, mecanismos de coacción encaminados a preservarlos en escenarios en los que despunta la búsqueda frecuente de formas de consenso. Dada la debilidad —o, literalmente, la ausencia— de las estructuras jerárquicas, se manifiestan una amplia autonomía personal y, en consecuencia, un respeto general por la autonomía de los demás.

A duras penas sorprenderá, en segundo lugar, que el Estado —sortearé ahora las discusiones relativas al significado de este término— falte. Estas comunidades no constituyen en modo alguno Estados fallidos. Muestran, antes bien, una honda conciencia en lo que respecta al hecho de

9. Amborn, 2019; Dupuis-Déri y Pillet, 2019; Graeber y Wengrow, 2021; Holterman, 2020; Reig Vidal, 2018; Staid, 2018, y Villalobos García, 2022.

que el Estado nace de la violencia e impone esta última. Y de que, cuando se afirma que la coacción es necesaria, no se está haciendo otra cosa que defender los intereses de una minoría privilegiada, al amparo de un proyecto de atomización, de individualismo y de erradicación de lo que cabe entender que eran formas comunes de relación. La tesis hobbesiana obedece con descaro a esos intereses.

En lo que atañe, en un tercer escalón, a la organización social, predominan la horizontalidad y la reciprocidad solidaria. Es habitual la presencia de la propiedad comunal, de la asignación rotativa de tierras y de una gestión colectiva del pastoreo. Se revela también un impulso encaminado a privilegiar el ocio, muy lejos de la obsesión por trabajar y acumular. Las jornadas de trabajo son menos largas y duras que las nuestras, circunstancia que obliga a concluir que lo que llamamos *civilización* se ha traducido comúnmente en un llamativo crecimiento de la jornada laboral y, con él, de la explotación. Así las cosas, hay que entender que por muchos conceptos la condición de los *salvajes* era y es, en los hechos, la condición de los *emancipados*. Tal vez por ello las autoridades coloniales tenían tanto recelo de los primeros.

Aunque no sean frecuentes, no faltan, en cuarto término, los casos de comunidades plenamente igualitarias en las que la igualdad alcanza, como parece de recibo, a hombres y mujeres, y a ancianos y jóvenes. En esas comunidades parece preocupar más, por otra parte, la autonomía decisoria que la igualdad en sentido estricto. Cierto es que, pese a que las prácticas de lo que se antojan fórmulas de autogestión y autoorganización tienen clara vocación igualitaria, las comunidades que me ocupan es habitual, en sentido contrario al referido, que preserven privilegios en provecho de los ancianos —se registran cambios, claro, en las personas que se benefician de aquellos— y que marginen en un grado u otro a las mujeres. Lo común es, en suma, que la parte privilegiada de la población no trabaje. Solo empezó a hacerlo en el siglo XIX de la mano de la burguesía que cobró cuerpo al calor del proceso de industrialización.

Debo subrayar, en quinto y último lugar, que determinados datos del entorno, como una baja densidad de población, la disposición de amplios territorios, por lo demás no muy definidos, y la presencia de tecnologías poco abrasivas vinieron a explicar por qué las agresiones contra la naturaleza han sido y son livianas en estas comunidades. Al respecto a buen seguro que han influido también percepciones espirituales respetuosas con aquella. Aun cuando en la mayoría de los casos lo que tengo en mente son pequeños grupos humanos, también los hay de dimensiones mayores, presentes, por lo demás, en los espacios geográficos más dispares. Lo habitual es que estas comunidades compartan con la institución Estado la certeza de disponer de un territorio que permite distinguir lo propio de lo ajeno. Pese a que los integrantes de estos pueblos usan a menudo la violencia y guerrean, suelen ser conscientes de los límites de esas conductas y no dejan de exhibir señales de contención y, en su caso, de arrepentimiento.

Obligado estoy a concluir que no todas las comunidades que me ocupan satisfacen puntillosamente todos estos rasgos. Sobre la consideración de su condición ha pesado en demasía, sin duda, la tentación de aplicar los conceptos y las periodizaciones europeos a un sinfín de pueblos. Cabe preguntar, en ese sentido, en qué medida muchos de los elementos negativos que se perciben en los pueblos primitivos no son producto de la colonización europea, que habría exacerbado el vigor de esos elementos. Intuyo que en esas sociedades menudean los ejemplos de problemas que han surgido de la agresión que desarrollan quienes han tenido a bien rechazar lo que significan.

LOS LÍMITES DEL ANARCOINDIGENISMO

Que los hechos discurren muy rápido lo testimonia la manifestación de críticas en lo que respecta a un concepto, el del *anarcoindigenismo*, de irrupción muy reciente. Una de esas críticas —tal vez se trata, más bien, de un conjunto de sugerencias de mejora— se incluye en un libro publicado recientemente en Canadá. Sus autores son Francis Dupuis-Déri y Benjamin Pillet, y se titula, escuetamente, *L'anarcho-indigénisme*[10]. Por encima de cualquier otra cosa, en las páginas de esa obra queda claro que perviven abiertas muchas discusiones. Tal es el caso de las que dan cuenta, por ejemplo, de la apropiación cultural, de la reciprocidad, de la complicidad, de la religiosidad y de la espiritualidad[11], de la relación entre la descolonización y la cuestión nacional-identitaria[12], del nexo, conflictivo, entre la idea de progreso y la defensa de la tierra[13], del papel del individuo singularizado[14] o de la visión anarcoprimitivista de la agricultura[15].

El libro que ahora me atrae subraya la necesidad de romper con la idea de que los pueblos primitivos deben adaptarse, en un grado u otro, a las exigencias del desarrollo capitalista. Apunta el riesgo paralelo de que, desde el anarquismo, esos pueblos se contemplen sin más como la demostración de que la propuesta anarquista no es nueva,

10. Dupuis-Déri y Pillet, 2019.
11. Dupuis-Déri y Pillet, 2019: 10-11 y 32.
12. Dupuis-Déri y Pillet, 2019: 32.
13. Dupuis-Déri y Pillet, 2019: 32.
14. Dupuis-Déri y Pillet, 2019: 40.
15. Dupuis-Déri y Pillet, 2019: 73.

sin ningún afán de preguntarse en paralelo qué significan hoy esas comunidades y qué pueden aportar en términos de un sinfín de luchas. Destaca, en suma, que quienes integran las comunidades *primitivas* no suelen mostrar mayor interés por la propuesta en cuestión, circunstancia que abre el camino a un posible diálogo de sordos. En esas comunidades es habitual que los anarquistas sean percibidos como *hippies*, *punks* y turistas, de tal forma que, aunque gentes próximas y solidarias, se haga evidente que no forman parte de los pueblos sometidos a la dominación. Al cabo, y según una percepción, "el anarquismo es cosa de blancos". Poco ganamos, aun con todo —agrego yo—, si partimos de la certeza de que entre las comunidades originarias todo es saludable y entre los anarquistas todo es, por el contrario, reprochable.

Aunque ya lo he hecho en una nota a pie, a efectos de deshacer malentendidos conviene recordar, en fin, que el indigenismo es, en México, una política oficial visiblemente orientada a facilitar el control y la asimilación de las poblaciones autóctonas. En algunos casos, y para contestar ese proyecto, se habla, por cierto, de *indianismo*[16].

ÉLISÉE RECLUS Y EL COLONIALISMO

En algún momento, cuando me he visto en la obligación de releer este libro, me ha dado el pálpito de que puedo haber sido en exceso duro en la consideración de la relación que los anarquistas del XIX mantuvieron con el proceso colonizador. Me defenderé diciendo que, tras reconocer las virtudes, muchas e innegables, de esos anarquistas entendí que mi tarea era mostrar los problemas que la relación

16. Dupuis-Déri y Pillet, 2019: 36.

en cuestión exhibía, de cualquier modo menores —a mi entender— que los que mostraron otras corrientes del pensamiento socialista. Baste con subrayar que en el caso de las corrientes herederas de la obra de Marx nadie pone en duda que su expansión internacional se solapó con la colonial de la mano de intelectuales y trabajadores marxistas que pasaron a vivir en los países del Sur. Tengo la certeza, aun con todo, de que los viejos anarquistas se fajaron en una lucha sin cuartel contra el racismo, contra la explotación, contra el militarismo y contra la represión. Agregaré ahora, y me adentro en el caso, principal, de Élisée Reclus y su familia, que la conducta personal de los integrantes de esta última en lo que se refiere a las poblaciones nativas fue ecuánime y correcta. Así parece demostrarlo lo acontecido con la hija mayor de Reclus, Magali, en la colonia anarquista de Tarzut, en Argelia, y por el propio Élisée, en 1855, en Nueva Granada, en Colombia, de la mano de un esfuerzo de creación de sociedades libres, armoniosas, fraternales y felices[17].

Pese a todo, tengo que ratificar la tesis general que he manejado en las páginas de esta obra. Me refiero a la que señala que aunque los anarquistas contestaron activa y valientemente los *excesos* vinculados con la colonización, las más de las veces aceptaron el buen sentido general de esta última, circunstancia detrás de la cual es fácil intuir el ascendiente del pensamiento ilustrado en lo que atañe a la ciencia, a la tecnología, al trabajo y a la idea de *progreso*. Vuelvo al respecto, una vez más, al caso de Élisée Reclus. Philippe Pelletier ha recordado, para empezar, que geógrafos como Yves Lacoste piensan que Reclus, un "modernista" dentro del proyecto colonial, fue más indulgente con la colonización francesa en Argelia que lo que lo fue

17. Rey, 2017: 70-71.

con la británica en la India[18]. Reclus entendió que en el África del Norte, y en singular en Argelia, la empresa colonial aportaba un impulso al progreso humano en la medida en que permitía explotar nuevas tierras agrícolas, facilitaba el despliegue de planes de urbanismo y de infraestructuras de comunicación y transporte, y propiciaba la integración en un mundo más amplio[19].

Para Reclus, y por otra parte, el término *colono* designaba ante todo a las poblaciones proletarias que, procedentes del exterior, cultivaban la tierra, vivían en ella y eran manifiestamente preferibles a los soldados. De resultas, nuestro geógrafo contrapuso *colonización* y *conquista*[20]. Pelletier sugiere que Reclus pareció asumir, al menos en los primeros momentos, que el proceso de colonización tenía cierto sentido natural y positivo, en la medida en que debía permitir que muchos proletarios se ganasen el pan en países que configuraban espacios geográficos inmensos[21]. Agregaba Reclus que Argelia había recibido de Francia mucho más de lo que había dado, al menos en comparación con lo sucedido en la etapa de dominación otomana del país. Cierto es que esas ganancias antes lo eran en materia de libertad que en la de igualdad y que, lamentablemente, seguían dominando los señores feudales[22]. Entre los colonos proletarios no faltaban, por lo demás, las actitudes de autoritarismo y racismo promovidas por la lógica del Estado, del militarismo y de los intereses comerciales, como no faltaban los crímenes, los excesos a los que ya me he referido. Quede claro que en este orden de cosas, y siempre del lado de Reclus, se registró una contundente denuncia de los padecimientos de la

18. Pelletier, 2015: 39.
19. Rey, 2017: 69.
20. Pelletier, 2015: 41.
21. Pelletier, 2015: 47.
22. Pelletier, 2015: 48.

población indígena. Esto aparte, saltaba a la vista que para el propio Reclus la presencia de los colonos tenía una dimensión saludable más: la vinculada con el horizonte de que aquellos permitirían expandir las ideas libertarias[23].

Parece obligado recordar, en fin, que Reclus apreció entre los habitantes de la Kabilia los rasgos propios de la solidaridad comunitaria, y entre ellos el carácter igualitario y asambleario de la sociedad correspondiente, con un peso limitado de la religión[24]. En su percepción, y sin embargo, aunque árabes y bereberes ejercían la solidaridad en sus familias y en sus tribus, no tenían la conciencia de formar parte de un pueblo[25], una conciencia que —cabe concluir— se antojaba privativa de los habitantes de los países colonizadores, y entre ellos los de la propia Francia. Cierto es que, para hacer las cosas más complejas, en alguno de sus escritos postreros Reclus procedió a distinguir entre los "hermanos primitivos", que configuraban un conjunto coherente, de ideales simples y equilibrios fáciles, solidarios y consecuentes con los fines que deseaban alcanzar, y los "civilizados progresivos", complejos, orgullosos, a menudo destructivos, y portadores de una civilización superior en virtud de las fuerzas que ponían en marcha, pero incoherente, contradictoria y carente de unidad[26]. Para dar una vuelta más a la cuestión, Reclus pareció concluir que no era imaginable ningún progreso vinculado con el islam y con la lengua árabe. Y defendió en paralelo que a duras penas podía prosperar el nacionalismo en países como Túnez o Egipto, que exhibían enormes divisiones étnicas, religiosas y tribales[27]. Habría que concluir, entonces, que el progreso y el

23. Rey, 2017: 71.
24. Pelletier, 2015: 92.
25. Pelletier, 2015: 101.
26. Pelletier, 2015: 133.
27. Rey, 2017: 46.

nacionalismo eran, de nuevo, fenómenos privativos de las potencias colonizadoras.

LOUISE MICHEL Y LA POBLACIÓN CANACA

En un par de ocasiones me han sugerido, por otra parte, que preste atención a la figura de Louise Michel, cuyo nombre identificamos inmediatamente con la Comuna de París de 1871. Y que lo haga, en singular, en lo que respecta a lo que en la vida de Michel cobró cuerpo durante su exilio/destierro en Nueva Caledonia, en Oceanía, entre 1873 y 1880[28]. Hablo de los años en los cuales, según una lectura de los hechos, Michel se convirtió en anarquista.

Creo que el caso de Louise Michel es interesante por cuanto revela eventuales diferencias entre la actitud de los pensadores anarquistas de la época, por un lado, y la de una mujer que fue ante todo una valiente luchadora social, por el otro. Intuyo que esta última condición se convierte en explicación central de por qué en lo que se refiere a Michel hubo, a la postre, una contestación frontal del colonialismo occidental que en cambio faltó, o no fue tan evidente, en el caso de los pensadores invocados. No sé si lo que acabo de anotar no invitará a trazar una distinción entre los textos de Michel, que en sí mismos poco más son que un elogio admirativo de lo que era la población canaca de Nueva Caledonia, y su desempeño cotidiano en la isla. En las memorias de Louise Michel hay menciones a la inteligencia de los canacos, menos marcada por el envoltorio de las doctrinas, y a su talento para la escritura y el dibujo[29]. En la recopilación de leyendas y canciones de

28. Dauphiné, 2006.
29. Michel, 2021: 277-278.

gesta canacas realizada por la propia Michel se subraya, por otra parte, el nulo interés que los colonizadores tienen por preservar unas y otras, y el deseo que esos mismos colonizadores muestran en lo que respecta al horizonte de que, al cabo, nada quede de ellas. Michel resalta, de cualquier modo, la generosidad y la dulzura de las poblaciones locales, y subraya cómo los hombres blancos solo se relacionan con otros hombres blancos, en abierto olvido de esas poblaciones[30]. Cierto es que, cargada con certeza de buenas intenciones, Michel anota también que "si en lugar de civilizar a los pueblos niños a golpes de fusil, se enviasen maestros de escuela a las tribus (...), estas habrían enterrado el hacha de guerra"[31]. Ojo, claro, con lo de los maestros y la colonización, como si los primeros nada tuviesen que ver con esta. Las cosas como fueren, en la segunda parte de sus memorias Michel retrata de forma contundente la empresa colonial francesa en Nueva Caledonia: "Explotar el oro, quemar aldeas, hacer que otros canacos maten a Atai, que se había rebelado por la libertad de su país"[32].

Pero, y vuelvo al argumento que ya he esbozado, parece que el interés mayor de la figura de Louise Michel remite a su contestación franca, en los hechos, de la colonización francesa en Nueva Caledonia[33]. Lejos de percibir el destierro como una tragedia, y en la percepción de Denis Salas, Michel descubrió en la isla un universo de sensaciones y un inagotable terreno de experimentación. En el momento de la insurrección canaca que ya he mencionado, la de 1878, vinculada con el nombre de Atai, y a diferencia de lo que ocurrió con la mayoría de sus compañeros

30. Michel, 2006.
31. Michel, 2024: 279.
32. Michel, 2021: 93.
33. Salas, 2002.

de exilio, se puso claramente del lado de los rebeldes. No solo eso: rechazó frontalmente el discurso oficial, empeñado en percibir en estos una población de salvajes incontrolables. Para el ideal revolucionario de Louise Michel se antojaba intolerable, en otras palabras, el sufrimiento de un pueblo al que se robaban la tierra y, con ella, sus derechos ancestrales[34].

NACIONALISMO Y MEMORIA

Quiero prestar atención a una discusión que creo tiene su interés: la de la relación entre dos cuerpos teóricos y prácticos —el nacionalismo y el anarquismo—, por un lado, y la realidad de instancias de carácter comunitario que a menudo hunden sus raíces en la noche de los tiempos, por el otro. Quede claro, con todo, que las observaciones que siguen no pretenden otra cosa que alimentar un debate sugerente, algo que queda demostrado de la mano del hecho de que me abstendré de definir lo que significan esos dos cuerpos y daré por descontado que quien me lee sobreentiende a qué me refiero. Aunque la materia en cuestión me interesa desde tiempo atrás, la inspiración más cercana de este texto la aporta un libro que, titulado *Nacionalismo e anarquismo na Galiza (1840-1940)*, publicaron en 2020 los amigos Dionísio Pereira y Eliseo Fernández[35]. Como bien puede colegirse, las reflexiones que siguen toman como punto de partida la relación entre nacionalismo y anarquismo en el caso gallego.

En lo que al anarquismo gallego se refiere, la versión del fenómeno que, en la etapa estudiada en el libro,

34. https://gallica.bnf.fr/blog/20082018/louise-michel-une-femme-libre-au-bagne?mode=desktop
35. Pereira y Fernández, 2020.

buscaba raíces en instancias populares de largo aliento, cabe suponer que fundamentalmente rurales, fue muy débil. En los textos de los anarquistas de la época no están presentes, sin ir más lejos, ni los bienes comunales ni las comunidades. No creo que haya que desdeñar al respecto la influencia de un hecho preciso: el anarquismo gallego, que se hizo fuerte entre los trabajadores del mar, entre los mineros y los ferroviarios, y en algunos complejos fabriles de importancia, apenas adquirió peso en el mundo rural. La fuerte presencia del agrarismo —algunas de sus manifestaciones tenían, eso sí, un carácter libertario— operó al respecto como obstáculo. De resultas, y a esto voy, los anarquistas gallegos abrazaron un discurso de carácter más bien doctrinal —el que llegaba de la mano de los textos de Proudhon o de Bakunin— que reclamaba sin más construir un mundo nuevo. En esa construcción se barruntaba cierto alejamiento con respecto al mundo rural, atrasado y tradicionalista, y primaba un proyecto presunta o realmente cosmopolita. El mayor pensador del anarquismo gallego de la época, Ricardo Mella, defendía, sí, la colectivización, pero lo hacía en virtud de un argumento de cariz universal, que esquivaba las realidades locales[36]. En semejante escenario a duras penas podía sorprender que la hibridación con el nacionalismo fuese difícil, y que en el mejor de los casos se revelase a través de alguna sintonía vinculada con el federalismo. Aunque en su vida cotidiana a buen seguro que la mayoría de los anarquistas locales se expresaban en gallego, el grueso de los textos escritos se publicaba en castellano, sin que en esos textos hubiese mayor contestación, por cierto, del nacionalismo de Estado.

36. Pereira y Fernández, 2020: 41.

El panorama fue bien distinto, en cambio, en lo que hace a la condición del nacionalismo, o del protonacionalismo, gallego. Uno de sus designios fundamentales estribó en recuperar tradiciones, tarea en la cual no faltó, por cierto, la postulación de una economía de autogobierno. Las comunidades *naturales* estaban presentes, y con ellas el mundo rural, en el nacionalismo gallego, en el que, como contrapartida, los elementos teórico-doctrinales que llegaban de otros países europeos eran más bien débiles.

Me siento en la obligación de identificar la paradoja que hay por detrás de todo lo anterior. Mientras, a tono con una tesis que he defendido repetidas veces en esta obra, los anarquistas gallegos no prestaron atención a la pervivencia, fundamentalmente en el agro, de prácticas de corte colectivo asentadas en el apoyo mutuo solidario, los nacionalistas locales se sintieron mal que bien atraídos por esas prácticas. Cierto es que el interés de estas últimas más bien parecía vincularse con la búsqueda, sin más, de señales identitarias que con el designio de apuntalar las realidades correspondientes. En las últimas décadas, y en ocasiones al amparo de lo que ha dado en llamarse *anarcoindependentismo*, determinados segmentos del anarquismo gallego han buscado el doble horizonte de las comunidades *naturales* y de las culturas precapitalistas. En el buen entendido de que también el anarcoindependentismo puede ser estrictamente ideológico. En cualquier caso, y en términos de largo aliento, la historia reciente de Galicia registra más aproximaciones del nacionalismo al anarquismo que de este último a aquel. Bueno será que, en la línea del trabajo de Pereira y Fernández, podamos disfrutar pronto de estudios similares en relación con otros nacionalismos y con otros anarquismos.

LA SINGULARIDAD CANARIA

Abro aquí un hueco para recordar que en un par de viajes a Canarias se me sugirió que prestase atención a la singular condición del archipiélago en relación con muchas de las discusiones que se acometen en este libro. Lamentablemente la tarea escapa a mis conocimientos y capacidades. Queda esperar que algún colega, en las propias Canarias, asuma ese empeño.

Me limitaré a reconocer que la sugerencia está bien guiada, toda vez que Canarias tiene un encaje complejo en las categorías que empleo en estas páginas y en los procesos históricos que las acompañan. Si las islas son, por un lado, parte de un Estado colonizador, configuran al tiempo, en una percepción legítima, una colonia en sí misma, una colonia, por añadidura, ultramarina. En su territorio existió, y en cierto sentido existe, un pueblo originario que, estrechamente relacionado con el mundo bereber, exhibió presuntas prácticas libertarias. El archipiélago ha disfrutado desde tiempo atrás, por otra parte, de un movimiento anarquista propio y ha sido el origen de una migración importante de trabajadores anarquistas en dirección a América. Alguien con mayor conocimiento e inteligencia que los míos debería poner orden en un escenario tan rico como ese.

A VUELTAS, UNA VEZ MÁS, CON LOS GITANOS

Sigo pensando que hay que trabajar en la dimensión libertaria de muchas de las prácticas asumidas, desde tiempo atrás, por las comunidades gitanas. Y ello pese a que es sabido que estas últimas arrastran habitualmente espasmos autoritarios en lo que hace a instituciones como el matrimonio y la familia, o en lo que se refiere a la preservación de unas y otras jerarquías. Tengo en mente, sin ir más lejos, discusiones como la que se refiere a la escasa o nula vinculación de los gitanos con un territorio específico. Habría que discutir, aun con todo, si el rasgo en cuestión tiene un carácter universal —con toda evidencia no es así— en lo que hace al mundo anarquista. Pero hay que recordar también que, al igual que ha sucedido con tantos anarquistas, los gitanos han sido mil veces criminalizados por el Estado, convertidos en malhechores y delincuentes, y descritos como disolutos y amorales.

Hace no mucho tuve, en suma, la oportunidad de contemplar una serie española titulada *Apagón*. En uno de sus capítulos, que se desarrollaba en un hospital en el que, permanente y angustiosamente a oscuras, faltaba desde tiempo atrás la energía eléctrica, la directora decidía acudir, en busca de ayuda, a un campamento gitano. De repente se hacía la luz y, con ella, la certificación de que los gitanos, casi siempre sin energía eléctrica e inmersos en prácticas comunitarias, estaban mucho mejor pertrechados para hacer frente al colapso consiguiente. Conviene recordar que durante la pandemia se ocuparon de desarrollar —en buena medida, ciertamente, para poder mantener su actividad económica cotidiana— eficientes y solidarias redes de distribución de alimentos.

REBECCA SOLNIT

En los últimos tiempos, y en muchos actos públicos, he promovido un argumento que bebe de un optimismo mesurado. Tiene, si así se quiere, dos fundamentos, el primero relativo a algo que puede acontecer en los países ricos del Norte y el segundo vinculado con una realidad consistente presente en determinados espacios en el Sur global.

El primero de esos fundamentos se pregunta por qué habríamos de descartar el horizonte de que en el Norte rico, en un escenario de colapso general, haya capas importantes de la población que defiendan respuestas de carácter colectivo asentadas en el apoyo mutuo, y no en la competición. Los grupos de solidaridad que se articularon en los momentos iniciales de los confinamientos, en 2020, marcaban ese camino. Un libro reciente de Rebecca Solnit[37] ha tenido a bien recordarnos, por otra parte, que en escenarios de catástrofe los integrantes de las clases populares, a diferencia de lo que ocurre con los de las clases pudientes, reaccionan con alegría, con eficacia y con solidaridad. Por detrás de esa reacción está —cabe intuir— la lógica de una comunidad renacida. Creo que una tarea muy honrosa consiste en mantener abierta esta discusión y, con ella, la de las prácticas que la acompañan, en el buen entendido de que estas últimas nada tienen que ver con la colaboración entre clases, y sí con la colisión entre estas. Deben revelarse, por añadidura, tanto en el medio rural como en las ciudades.

El segundo fundamento recupera algo que ya he señalado en este libro: en muchos recintos de los países del Sur perviven culturas precapitalistas que resisten frente a las imposiciones del capital en materia de productividad, competitividad, consumo, explotación y crecimiento. En algunos de esos recintos, y con las carencias que queramos, esas culturas se han fusionado con proyectos anticapitalistas como los que han cobrado cuerpo —también me he referido a ellos— en Chiapas al amparo del zapatismo y en Rojava al calor del confederalismo democrático. Haríamos

37. Solnit, 2020.

bien en mirarnos en el espejo de movimientos como estos, marcados por la autogestión, por la democracia de base, por un feliz papel protagónico de las mujeres, por el designio de preservar sabidurías ancestrales y por el propósito de mantener una relación fluida con el medio natural.

ROMANTIZACIÓN Y NATURALEZA HUMANA

Es frecuente que me tope con personas que consideran que algunas de las tesis que he defendido en este libro, y en otros, romantizan la vida de las sociedades primitivas y, en general, la del mundo rural. Además de subrayar las cautelas que, en lo que atañe a la condición plenamente venturosa de esa vida, he expresado tantas veces, no me queda sino enunciar dos réplicas. Mientras la primera subraya que prefiero romantizar la vida en cuestión antes que olvidarla, que es lo que hace el sistema que padecemos, la segunda ratifica que se antoja muy difícil romantizar, en cambio, la vida urbana... Por algo será.

Muchas de estas discusiones abocan en otra, más general, que se interesa por materia tan conflictiva como es la condición de la naturaleza humana. Al respecto de esta, somos víctimas de un interesado procedimiento de manipulación que, articulado en los tiempos más recientes al calor de la vulgata neoliberal, selecciona previamente cuáles han de ser los elementos que merecen atención. Como réplica frente a esa manipulación me limitaré a señalar que, si bien es cierto que no cabe hablar de comunidades o de sociedades *naturales*, tampoco corresponde sugerir que son naturales el capitalismo, el Estado, el patriarcado o la competición desaforada. En este orden de cosas, y por otra parte, sospecho que es más afortunado intentar explicar por qué surgió la desigualdad, y no por qué lo hizo la igualdad[38], al tiempo que intuyo que puede afirmarse que, excepto unos cuantos psicópatas, la mayoría de los seres humanos son espontáneamente empáticos[39].

Hace unas semanas un profesor latinoamericano, tras realizar un elogio entusiasta, visiblemente desmesurado, de mi condición humana, se atrevió a anotar —creo que esto es lo que realmente justificaba ese elogio, al cabo autoprotector— que quien esto escribe no prestaba la atención debida a los problemas de los países del Sur y obedecía a una adhesión ideológica inquebrantable que lo alejaba de cualquier suerte de diálogo enriquecedor con quienes no compartían esa adhesión. Creo que sobran los motivos para concluir, y perdóneseme la inmodestia, que estaba equivocado. Uno de ellos es este libro.

38. Reig Vidal, 2018: 30-31.
39. Waal, 2010: 70.

BIBLIOGRAFÍA

ABAD DE SANTILLÁN, Diego (2011): *Ricardo Flores Magón. El apóstol de la revolución*, Anarres/Terramar, Buenos Aires.

ABENSOUR, Miguel (2012): "La voix de Pierre Clastres", en Pierre Clastres, *Entretien avec l'anti-mythes*, Sens& Tonka, París.

ACOSTA, Alberto (2013): *El buen vivir*, Icaria, Barcelona.

ADAMS, Jason (2015): *Anarquismos no occidentales. Reflexiones sobre el contexto global*, La Neurosis o las Barricadas, Madrid.

ALÁYEV, Leonid P. (2016): *Sélskaya obshina*, URSS, Moscú.

ALBANI, Leandro (s. f.): *Revolución en Kurdistán. La otra guerra contra el Estado islámico*, La Fogata/Pajarera Libertaria, Bogotá.

ALFRED, Taiaiake (2005): *Wasase: Indigenous Pathways of Action and Freedom*, Broadview, Peterborough.

— (2008): *Peace, Power, Righteousness: An Indigenous Manifesto*, Oxford University, Toronto.

— (2010): "Interview with Gerald Taiaiake Alfred about Anarchism and Indigenism in North America" [disponible en http://www.alpineanarchist.org/r_i_indigenism_english.html].

ALGARRA BASCÓN, David (2015): *El comú català*, Potlatch, Vilanova del Camí.

ALLENDE, Sebastián (2014): *Entre zapatos, libros y serruchos. Anarquismo y anarcosindicalismo en Chile (1920-1955)*, Nadar, Santiago.

ALMENDRA, Vilma (2017): *Entre la emancipación y la captura*, Pueblos en Camino/Grietas/Pensaré Cartoneras/En cortito que's pa'largo, Ciudad de México.

ALSTON, Ashanti (2016): "Beyond Nationalism, but not without it", en Black Rose Anarchist Federation, *Black Anarchism. A Reader* [disponible en http://blackrosefed.org/black-anarchism-a-reader/], pp. 72-75.

ALVES DE SEIXAS, Jacy (1992): *Mémoire et oubli. Anarchisme et syndicalisme révolutionnaire au Brésil*, Maison des Sciences de l'Homme, París.

AMBORN, Hermann (2019): *Law as Refuge of Anarchy. Societies without Hegemony or State*. MIT Press, Cambridge.

ANDERSON, Benedict (2007): *Under Three Flags. Anarchism and the Anti-Colonial Imagination*, Verso, Londres.

ANDERSON, Kevin B. (2010): *Marx at the Margins. On Nationalism, Ethnicity and Non-Western Societies*, University of Chicago, Chicago.

ARAGORN! (2005): "Locating an Indigenous Anarchism" [disponible en https://theanarchistlibrary.org/library/aragorn-locating-an-indigenous-anarchism].

ARMAND, Émile (2014): *Formas de vida en común sin Estado ni autoridad*, Innisfree, Londres.

ARTEAGA CASTILLO, Belinda (2005): *La escuela racionalista de Yucatán*, Universidad Pedagógica Nacional, Ciudad de México.

ATKINSON, Dorothy (1983): *The End of the Russian Land Commune, 1905-1930*, Stanford University, Stanford.

AYBOGA, Ercan; FLACH, Anja y KNAPP, Michael (2017): *Revolución en Rojava. Liberación de la mujer y comunalismo entre la guerra y el embargo*, Descontrol, Barcelona.

BAKU, Hasan (s. f.): "Anarchism in Turkey" [disponible en http://www.spunk.org/texts/places/turkey/sp001840.html].

BARCLAY, Harold (1990): *People Without Government. An Anthropology of Anarchy*, Kahn & Averill, Londres.

— (2013): *Anthropology and Anarchism*, ChristieBooks, Hastings.

BARRETT, Rafael (1976): *Mirando vivir*, Tusquets, Barcelona.

BARTLETT, Roger (dir.) (1990): *Land Commune and Peasant Community in Russia. Communal Forms in Imperial and Early Soviet Society*, Macmillan, Houndmills.

BAUDOUIN, Axel (2003): "Reclus, a colonialist?" [disponible en http://journals,openedition.org/cybergeo/4004].

BAYER, Osvaldo (2009): *La Patagonia rebelde*, Txalaparta, Tafalla.

BEAS, Juan Carlos y BALLESTEROS, Manuel (2012): "Magonismo y movimiento indígena en México" [disponible en http://www.antorcha.net/biblioteca_virtual/historia/beas/1.html].

BERNALDO DE QUIRÓS, Constancio (1974): *El espartaquismo agrario andaluz*, Turner, Madrid.

BIKO, Steve (2006): *I Write what I Like*, Picador Africa, Johannesburgo.

BLACK ROSE ANARCHIST FEDERATION (2016): *Black Anarchism. A Reader* [disponible en http://blackrosefed.org/black-anar chism-a-reader/].

BLAUT, James Morris (1993): *The Colonizer's Model of the World*, The Guilford Press, Nueva York/Londres.

Boraman, Toby (2007): *Rabble Rousers and Merry Pranksters. A History of Anarchism in Aotearoa/New Zealand from the Mid 1950s to the Early 1980s*, Katipo Books and Irrecuperable Press, Christchurch/Wellington.

Brignardello Valdivia, Andrés (2006): *Valparaíso anarquista*, FONDART, Valparaíso.

Broome, Richard (2010): *Aboriginal Australians*, Allen and Unwin, Sídney.

Calero, Antonio M. (1976): *Movimientos sociales en Andalucía (1820-1936)*, Siglo XXI, Madrid.

Cappelletti, Ángel J. (1990): "Prólogo", en Carlos Rama y Ángel J. Cappelletti, *El anarquismo en América Latina*, Biblioteca Ayacucho, Caracas.

— (2006): *Prehistoria del anarquismo*, Araucaria, Buenos Aires.

Castro-Gómez, Santiago y Grosfoguel, Ramón (dirs.) (2007a): "Giro decolonial, teoría crítica y pensamiento heterárquico", en Santiago Castro-Gómez y Ramón Grosfoguel (dirs.), *El giro decolonial. Reflexiones para una diversidad epistémica más allá del capitalismo global*, Siglo del Hombre, Bogotá, pp. 9-24.

— (2007b): *El giro decolonial. Reflexiones para una diversidad epistémica más allá del capitalismo global*, Siglo del Hombre, Bogotá.

Cegna, Alberto y Monte, Alberto 'Abo' di (dirs.) (2014): *20zln, vent'anni di zapatismo e liberazione*, Agenzia X, Milán.

Centro De Investigación Libertaria Y Educación Popular (dir.) (2011): *Pasado y presente del anarquismo y del anarcosindicalismo en Colombia*, Anarres/Terramar, Buenos Aires.

Chakrabarty, Dipesh (2000): *Provincializing Europe. Postcolonial Thought and Historial Difference*, Pinceton University, Princeton.

Churchill, Ward (2002): *Indigenous Resistance to Genocide, Ecocide and Expropriation in Contemporary North America*, City Lights Publishers, San Francisco.

— (2007): "Indigenism, Anarchism, and the State" [disponible en http://auto_sol.tao.ca/node/view/1333].

Clastres, Pierre (1980): *Recherches d'anthropologie politique*, Seuil, París.

— (2009): *Chronique des Indiens Guayaki*, Pocket, París.

— (2010): *Archéologie de la violence. La guerre dans les sociétés primitives*, De l'Aube, La Tour-d'Aigues.

— (2011): *La Société contre l'État*, Minuit, París.

— (2012): *Entretien avec l'anti-mythes*, Sens&Tonka, París.

Clímaco, Danilo Assis (dir.) (2014): *Aníbal Quijano. Cuestiones y horizontes. Antología esencial*, CLACSO, Buenos Aires.

Cohn, Norman (1970): *The Pursuit of the Millenium*, Temple Smith, Londres.

Colectivo Alas De Xue (2000): *Una historia del anarquismo en Colombia*, Colectivo Alas de Xue/FAL/Nossa y Jara, Santafé de Bogotá/Madrid/Móstoles.

Colectivo Cucharín Negro (2017): "Bases para una arqueología anarquista: un manifiesto comunitario", *Palimpsestos. Revista de arqueología y antropología anarquista*, nº 0, abril, pp. 31-38.

Colombo, Eduardo (2000): *Los desconocidos y los olvidados. Historias y recuerdos del anarquismo en la Argentina*, Nordan, Montevideo.

Costa, Joaquín (1993): *Oligarquía y caciquismo, colectivismo agrario y otros escritos*, Alianza, Madrid.

Coulthard, Glen Sean (2014): *Red Skin, White Masks*, University of Minnesota, Minneapolis.

Crisi, Emilio (2015): *Revolución anarquista en Manchuria (1929-1932)*, Anarres, Buenos Aires.

Cusicanqui, Luis (2011): "La voz del campesino, nuestro reto a los grandes mistes del estado", en VV AA, *Memoria y presente de las luchas libertarias en Bolivia*, Piedra Rota, Tembladerani, pp. 21-24.

Damier, Vadim y Limanov, Kirill (s. f.): "Anarchism in Indonesia" [disponible en http://libcom.org/library/short-essay-about-history-anarchism-indonesia].

Danilov, Viktor Petrovich (1990): "The Commune in the Life of the Soviet Countryside before Collectivisation", en Roger Bartlett (dir.), *Land Commune and Peasant Community in Russia. Communal Forms in Imperial and Early Soviet Society*, Macmillan, Houndmills, pp. 287-302.

Dauphiné, Joël: *La déportation de Louise Michel. Vérité et légendes*, Les Indes savants, París.

Delgado, Leandro (2012): "Criollismo y anarquismo: de la deconstrucción del gaucho al descubrimiento del arrabal" [disponible en http://www.scielo.org.mx/scielo.php?script=sci_arttext&pid=S1870-119120120 00200005].

Dentan, Robert K. (1979): *The Semai: a Nonviolent People of Malaya*, Holt, Rinehart and Winston, Nueva York.

Díaz del Moral, Juan (1967): *Historia de las agitaciones campesinas andaluzas*, Alianza, Madrid.

Diez, Xavier (2013): *L'anarquisme, fet diferencial català*, Virus, Barcelona.

Dilar, Dirik *et al.* (dirs.) (2016): *To Dare Imagining: Rojava Revolution*, Autonomedia, Nueva York.

Dirik, Dilar y Stanchev, Petar (2018): *Privilegios y anarquismo*, OnA, México.

Dirlik, Arif (1991): *Anarchism in the Chinese Revolution*, University of California, Los Ángeles/Londres.

Dirlik, Arif (2010): "Anarchism and the Question of Place: Thoughts from the Chinese Experience", en Steven J. Hirsch y Lucien van der Walt (dirs.), *Anarchism and Syndicalism in the Colonial and Postcolonial World, 1870–1940. The Praxis of National Liberation, Internationalism, and Social Revolution*, Brill, Leiden/Boston, pp. 131-146.

Do Or Die (2005): *Bastions pirates. Une histoire libertaire de la piraterie*, Aden, Bruselas.

Doctor, Adi H. (1964): *Anarchist Thought in India*, Asia Publishing House, Delhi.

Dujovne, Alejandro (2008): "Cartografía de las publicaciones periódicas judías de izquierda en Argentina, 1900-1953" [disponible en https://www.researchgate.net/publication/46093811_Cartografia_de_las_publicaciones_periodicas_judias_de_izquierda_en_Argentina_1900-1953].

Dupuis-Déri, Francis (s. f.): "Pistes pour une histoire de l'anarchisme au Québec" [disponible en https://www.bulletinhistoirepolitique.org/le-bulletin/numeros-precedents/volume-16- numero-2/pistes-pour-une-histoire-de-l'anarchisme-au-quebec/].

Dupuis-Déri, Francis; Pillet, Benjamin (2019): *L'anarcho-indigénisme*. Lux, Montreal.

Escobar, Arturo (1996): *La invención del Tercer Mundo. Construcción y deconstrucción del desarrollo*, Norma, Bogotá.

Evans-Pritchard, Edward Evan (1971): *The Nuer*, Oxford University, Oxford.

Evren, Süreyyya (2014): "There Ain't No Black in the Anarchist Flag! Race, Ethnicity and Anarchism", en Ruth Kinna (dir.), *The Bloomsbury Companion to Anarchism*, Bloomsbury, Londres/Nueva York, pp. 299-314.

Fanon, Frantz (2002): *Les damnés de la terre*, La Découverte, París.

Fernández, Cristina; Giraldo, Santiago y Márquez, Irving (2015): *De la revolución al caracol. El zapatismo hoy*, UOC, Barcelona.

Fernández, Frank (2000): *El anarquismo en Cuba*, Fundación Anselmo Lorenzo, Madrid.

Ferretti, Federico (2016): "The murderous civilization: anarchist geographies, ethnography and cultural differences in the works of Elie Reclus" [disponible en http://cgj.sagepub.com/content/early/2016/08/09/1474474016662293.full. <halshs01354105>].

Fillali, Brahim (2005): "Morocco as 'non-capitalist' and not 'pre-capitalist' territory" [disponible en https://tahriricn.wordpress.com/2013/06/14/morocco-does-berber-federalism-serve-as-an-indigenous-african-model-of-anarchist-federalism/].

Flood, Andrew (2013): "What is Different About the Zapatistas", en Robert Graham (dir.), *Anarchism. A Documentary History of Libertarian Ideas. Volume Three. The New Anarchism (1974-2012)*, Black Rose, Montreal/Nueva York/Londres, pp. 362-373.

Flores Magón, Ricardo (2005): *Dreams of Freedom. A Ricardo Flores Magón Reader*, AK Press, Oakland/Edimburgo.

Flórez-Flórez, Juliana (2007): "Lectura no eurocéntrica de los movimientos sociales latinoamericanos. Las claves analíticas del proyecto modernidad/colonialidad", en Santiago Castro-Gómez y Ramón Grosfoguel (dirs.), *El giro decolonial. Reflexiones para una diversidad epistémica más allá del capitalismo global*, Siglo del Hombre, Bogotá, pp. 243-266.

FRYE, Northrop (1982): "The Meeting of Past and Future in William Morris" [disponible en http://morrisedition.lib.uiowa.edu/Supplementary-pdfs/frye-meeting-of-past-and-future.pdf].

GARCIA, Renaud (2017): *Alexandre Chayanov. Pour un socialisme paysan*, Le Passager Clandestin, Neuvy-en-Champagne.

GARCÍA, Víctor (2013): *Museihushugi: el anarquismo japonés*, La Neurosis o las Barricadas, Madrid.

GELDERLOOS, Peter (2014): *La anarquía funciona*, La Neurosis o las Barricadas, Madrid.

GEMIE, Sharif (2013): "Beyond the Borders", en Robert Graham (dir.), *Anarchism. A Documentary History of Libertarian Ideas. Volume Three. The New Anarchism (1974-2012)*, Black Rose, Montreal/Nueva York/Londres, pp. 318-324.

GLEDHILL, John (1994): *Power and its Disguises. Anthropological Perspectives on Politics*, Pluto, Londres.

GÓMEZ TOVAR, Luis; GUTIÉRREZ, Ramón y VÁZQUEZ, Silvia A. (1991): *I. Utopías libertarias americanas. La ciudad anarquista americana de Pierre Quiroule*, Tuero/Fundación Salvador Seguí, Madrid.

GÓMEZ-MULLER, Alfredo (2009): *Anarquismo y anarcosindicalismo en América Latina*, La Carreta, Medellín.

GONZÁLEZ PRADA, Manuel (s. f.): *Obras*, Amazon Fulfillment, Breslau.

GORDON, Eric (1978): *Anarchism in Brazil: Theory and Practices, 1890-1920*, Tulane University, Nueva Orleans.

GORDON, Uri y GRIETZAR, Ohal (dirs.) (2013): *Anarchists Against the Wall*, AK Press/Institute for Anarchist Studies, Oakland/Washington.

GORMAN, Anthony (2010): "'Diverse in Race, Religion and Nationality... but United in Aspirations of Civil Progress'. The Anarchist Movement in Egypt, 1860-1940", en Steven J. Hirsch y Lucien van der Walt (dirs.), *Anarchism and Syndicalism in the Colonial and Postcolonial World, 1870-1940. The Praxis of National Liberation, Internationalism, and Social Revolution*, Brill, Leiden/Boston, pp. 3-32.

GOYENS, Tom (2015): "'Anarchy at the Antipodes': Australian Anarchists and their American Connections" [disponible en http://sydney.edu.au/business/_data/assets/pdf_file/0004/ 219343/Goyens.pdf].

GRAEBER, David (2004): *Fragments of an Anarchist Anthropology*, Prickly Paradigm, Chicago.

— (2007): *Lost People: Magic and the Legacy of Slavery in Madagascar*, Indiana University, Bloomington.

— (2008): "Nunca ha existido Occidente, o la democracia surge de los espacios intermedios", en Beltrán Roca (dir.), *Anarquismo y antropología*, La Malatesta, Madrid, pp. 119-176.

GRAEBER, David; ÖĞÜNÇ, Pinar (2014): "No.This is a Genuine Revolution" [disponible en https://zcomm.org/znetarticle/no-this-is-a-genuine-revolution/].
— (2016): "Why is the World Ignoring the Revolutionary Kurds in Siria?", en Dirik Dilar *et al.* (dirs.), *To Dare Imagining: Rojava Revolution*, Autonomedia, Nueva York, pp. 21-24.
GRAEBER, David; WENGROW, David (2021): *The Dawn of Everything. A New History of Humanity*. Penguin, Dublín.
GRAHAM, Robert (dir.) (2009): *Anarchism. A Documentary History of Libertarian Ideas. Volume Two. The Emergence of the New Anarchism (1939-1977)*, Black Rose, Montreal/Nueva York/Londres.
— (2013): *Anarchism. A Documentary History of Libertarian Ideas. Volume Three. The New Anarchism (1974-2012)*, Black Rose, Montreal/Nueva York/Londres.
GRAVE, Jean (1903): *Patriotisme et colonisation*, Les Temps Nouveaux, París.
GREER, Germaine (2004): *Whitefella Jump Up. The Shorest Way to Nationhood*, Profile, Londres.
GROSFOGUEL, Ramón (2002): *Colonial Subjects*, University of California, Berkeley.
— (2007): "Descolonizando los universalismos occidentales: el pluri-versalismo transmoderno decolonial desde Aimé Césaire hasta los zapatistas", en Santiago Castro-Gómez y Ramón Grosfoguel (dirs.), *El giro decolonial. Reflexiones para una diversidad epistémica más allá del capitalismo global*, Siglo del Hombre, Bogotá, pp. 63-78.
HARDMAN, Francisco Foot (1983): *Nem patria, nem patrão! Vida operária e cultura anarquista no Brasil*, Brasiliense, São Paulo.
HARRIS, Marvin (1988): *Caníbales y reyes*, Salvat, Barcelona.
HART, John (1978): *Anarchism and the Mexican Working Class, 1860-1931*, University of Texas, Austin.
HEATH, Nick (2018): "A Historical Background to the Bulgarian Anarchist Movement" [disponible en https://libcom.org/history/historical-background-bulgarian-anarchist-movement].
HERNÁNDEZ PADILLA, Salvador (1988): *El magonismo. Historia de una pasión Libertaria, 1900-1922*, Era, Ciudad de México.
HIRSCH, Steven J. (2010): "Peruvian Anarcho-syndicalism: Adapting Transnational Influences and Forging Counterhegemonic Practices, 1905-1930", en Steven J. Hirsch y Lucien van der Walt (dirs.), *Anarchism and Syndicalism in the Colonial and Postcolonial World, 1870-1940. The Praxis of National Liberation, Internationalism, and Social Revolution*, Brill, Leiden/Boston, pp. 227-272.
— (2010a): *Anarchism and Syndicalism in the Colonial and Postcolonial World, 1870-1940. The Praxis of National Liberation, Internationalism, and Social Revolution*, Brill, Leiden/Boston.

HIRSCH, Steven J. y WALT, Lucien van der (2010b): "Final Reflections: the Vicissitudes of Anarchist and Syndicalist Trajectories, 1940 to the Present", en Steven J. Hirsch y Lucien van der Walt (dirs.), *Anarchism and Syndicalism in the Colonial and Postcolonial World, 1870-1940. The Praxis of National Liberation, Internationalism, and Social Revolution*, Brill, Leiden/Boston, pp. 395-412.

HOBSBAWM, Eric J. (1974): *Rebeldes primitivos*, Ariel, Barcelona.

HODGES, Donald C. (1995): *Mexican Anarchism after the Revolution*, University of Texas, Austin.

HOLTERMAN, Thom (2020): *Pueblos sin Estado. Antropología y anarquismo*. La neurosis o las barricadas, Madrid.

HORROX, James (2009): *Living Revolution. Anarchism in the Kibbutz Movement*, AK Press, Edimburgo/Oakland.

HWANG, Dongyoun (2010): "Korean Anarchism Before 1945: A Regional and Transnational Approach", en Steven J. Hirsch y Lucien van der Walt (dirs.), *Anarchism and Syndicalism in the Colonial and Postcolonial World, 1870-1940. The Praxis of National Liberation, Internationalism, and Social Revolution*, Brill, Leiden/Boston, pp. 95-130.

— (2016): *Anarchism in Korea*, SUNY, Albany.

HWANG, Dongyoun y MCSIMOIN, Alain (2014): *Revolución anarquista en Corea*, Aldarull, Barcelona.

INDIC, Trivo (1990): "The Anarchist Tradition on Yugoslav Soil" [disponible en https://www.katesharpleylibrary.net/1c5bbd].

IZARD, Miquel (1988): *Orejanos, cimarrones y arrochelados*, Sendai, Hospitalet.

JACOB, Alexandre (s. f.): "Breve bosquejo histórico del anarquismo en El Salvador" [disponible en http://anarquismoenelsalvador.blogspot.com.es/2012/10/breve-bosquejo-historico-del-anarquismo.html].

JACOBS, Wilbur R. (1973): *El expolio del indio norteamericano*, Alianza, Madrid.

JARRIGE, François (2016): *'Gravelle, Zisly' et les anarchistes naturiens contre la civilisation industrielle*, La Passager Clandestin, Neuvy-en-Champagne.

JIMÉNEZ, Aitor y MARIBLANCA, Pedro José (2016): "Negros, salvajes y anarquistas" [disponible en https://portaloaca.com/opinion/11521-negros-salvajes-y- anarquistas.html].

KAPLAN, Temma (1977): *Orígenes sociales del anarquismo en Andalucía*, Crítica, Barcelona.

KAPSOLI ESCUDERO, Wilfredo (2013): *Ayllus del sol. Anarquismo y utopía andina*, Los Nadie, s. l.

KINNA, Ruth (dir.) (2014): *The Bloomsbury Companion to Anarchism*, Bloomsbury, Londres/Nueva York.

KOCABIÇAK, Evren (2016): "The World's First Army of Women", en Dirik Dilar *et al.* (dirs.), *To Dare Imagining: Rojava Revolution*, Autonomedia, Nueva York, pp. 63-70.

KOM'BOA ERVIN, Lorenzo (2016): "Anarchism and the Black Revolution", en Black Rose Anarchist Federation, *Black Anarchism. A Reader* [disponible en http://blackrosefed.org/black-anar chism-a-reader/], pp. 10-71.

KONISHI, Sho (2013): *Anarchist Modernity: Cooperatism and Japanese-Russian Intellectual Relations in Modern Japan*, Harvard University, Cambridge.

KREBS, Edward S. (1998): *Shifu, Soul of Chinese Anarchist*, Rowman & Littlefield, Nueva York.

KROPOTKIN, Peter (s. f.): *Mutual Aid*, Porter Sargent, Boston.

LAFORCADE, Geoffroy de (2010): "Straddling the Nation and the Working World and Syndicalism on the Docks and Rivers of Argentina, 1900-1930", en Steven J. Hirsch y Lucien van der Walt (dirs.), *Anarchism and Syndicalism in the Colonial and Postcolonial World, 1870-1940. The Praxis of National Liberation, Internationalism, and Social Revolution*, Brill, Leiden/ Boston, pp. 321-362.

LAMBORN WILSON, Peter (2003): *Pirate Utopias. Moorish Corsairs & European Renegados*, Autonomedia, Nueva York.

LASKY, Jacqueline (2011): "Indigenism, Anarchism, Feminism" [disponible en http://anarchalibrary.blogspot.com.es/2011/09/indigenism-anarchism-feminism-emerging.html].

LEACOCK, Eleanor y LEE, Richard B. (dirs.) (1987): *Politics and History in Band Societies*, Cambridge University/Maison des Sciences de l'Homme, Cambridge/ París.

LEE, Richard B. (2003): *The Dobe Ju/'Hoansi*, Wadsworth, Toronto.

LEIBNER, Gerardo (2017): "La Protesta y la andinización del anarquismo en el Perú, 1912-1915" [disponible en http://anarquismoenperu.blogspot.com.es/2012/10/la-protesta-y-la-andinizacion-del.html].

LERMA GUIJARRO, Alma (2017): "Arqueología anarquista: conceptos básicos", *Palimpsestos. Revista de arqueología y antropología anarquista*, nº 0, abril, pp. 289-310.

LEVI, Jean (dir.) (2009): *Elogio de la anarquía por dos excéntricos chinos del siglo III*, Pepitas de Calabaza, Logroño.

LÉVY, Christine (2002): "Kôtoku Shûsui et l'anarchisme", *Ebisu*, nº 28.

LEWIS, Adam (2012): "Decolonizing Anarchism: Expanding Anarcha-Indigenism in Theory" [disponible en https://qspace.library.queensu.ca/bitstream/handle/1974/7563/Lewis_Adam_G_201209_MA.pdf; sequence=1].

LEWIS, Martin W. y WIGEN, Kären (1997): *The Myth of Continents*, University of California, Berkeley.

LINEBAUCH, Peter y REDIKER, Marcus (2012): *The Many-Headed Hydra. The Hidden History of Revolutionary Atlantic*, Verso, Londres/Nueva York.

LIZOT, Jacques (1976): *Le cercle des feux. Faits et dits des indiens yanomami*, Seuil, París.

Lynd, Staughton y Grubacic, Andrej (2011): *Wobblies and Zapatistas. Conversations on Anarchism, Marxism and Radical History*, Aakar, Delhi.
Maddock, Kenneth (1974): *The Australian Aborigines*, Penguin, Harmondsworth.
— (s. f.): "Primitive Societies and Social Myths" [disponible en https://libcom.org//library/primitive-societies-social-myths].
Maldonado, Benjamín (2003): "El indio y lo indio en el anarquismo magonista" [disponible en http://www.lahaine.org/b2-img08/magon_lo_indio.pdf].
Mariátegui, Juan Carlos (s. f.): *Obras*, La Biblioteca Digital, s. l.
Marshall, Peter (2008): *Demanding the Impossible. A History of Anarchism*, Harper Perennial, Londres.
Marx, Karl; Engels, Friedrich (s. f.): *Karl Marx and Friedrich Engels Writings not Generally Known on Race, Nationalism, Colonialism, and War, 1844-1894*, s. e., s. l.
— (2002): *On Colonialism*, Aakar, Nueva Delhi.
Mauss, Marcel (2012): *Essai sur le don*, PUF, París.
Mbah, Sam e Igariwey, I. E. (1997): *African Anarchism, The History of a Movement*, See Sharp, Tucson.
Means, Russell (2010): "Revolution and American Indians: Marxism is as Alien to my Culture as Capitalism" [disponible en https://endofcapitalism.com/ 2010/10/17/revolution-and-american-indians-marxism-is-as-alien-to-my-culture-as-capitalism/].
Medina, Rocío (2013): "Feminismos periféricos, feminismos-otros: una genealogía feminista decolonial por reivindicar", *Revista Internacional de Pensamiento Político*, vol. 8, pp. 53-79.
Meléndez Badillo, Jorell (2014): *Voces libertarias. Orígenes del anarquismo en Puerto Rico*, Fundación Anselmo Lorenzo, Madrid.
Mellado López, Yago (2017): *El anarquismo en el espejo judío*, FAL, Madrid.
Memmi, Albert (2017): *Portrait du colonisé. Portrait du colonisateur*, Gallimard, París.
Meyer, Lois y Maldonado, Benjamín (2010): *New World of Indigenous Resistance*, City Lights, San Francisco.
Michel, Louise (2006): *Légendes canaques*. Cartouche, París.
— (2021): *Mémoires. 1886*. Gallimard, París.
— (2024): *À travers la mort. Mémoires inédits, 1886-1890*. La Découverte, París.
Middleton, John y Tait, David (1958): *Tribes without Rulers*, Routledge and Kegan Paul, Londres.
Mignolo, Walter D. (2007): "El pensamiento decolonial: desprendimiento y apertura", en Santiago Castro-Gómez y Ramón Grosfoguel (dirs.), *El giro decolonial. Reflexiones para una diversidad epistémica más allá del capitalismo global*, Siglo del Hombre, Bogotá, pp. 25-46.

Mintz, Jerome R. (1999): *Anarquistas de Casas Viejas*, Diputación de Granada/ Diputación de Cádiz, Granada/Cádiz.

Montañez Pico, Daniel (2018): "Descolonizar el anarquismo" (mimeo).

Montes de Oca, Rodolfo (2016): *Contracorriente: la historia del movimiento anarquista en Venezuela (1811-1998)*, El Libertario/La Malatesta/Tierra de Fuego/Eleuterio/La Cucaracha Ilustrada/Anarres, Caracas/Madrid/La Laguna/Santiago/Caracas/Buenos Aires.

Montes García, José Carlos (2015): *El anarquismo desde una mirada antropológica*, Asociación Cultural Olivo del Búho/FAL, Granada.

Moreno Sainz, María Laura (2004): *Anarchisme argentin, 1890-1930. Contribution à une mythanalyse*, Atelier National de Reproduction des Thèses, Lille.

Moreno, Isidoro (1993): "Cultura del trabajo e ideología: el movimiento campesino anarquista andaluz", en Eduardo Sevilla y Manuel González (dirs.), *Ecología, campesinado e historia*, La Piqueta, Madrid, pp. 335-356.

Morris, Brian (2004): *Kropotkin. The Politics of Community*, Humanity, Amherst.

— (2008): "Antropología y anarquismo: afinidades electivas", en Beltrán Roca (dir.), *Anarquismo y antropología*, La Malatesta, Madrid, pp. 35-52.

— (2014): *Anthropology, Ecology, and Anarchism. A Brian Morris Reader*, PM, Oakland.

Motta, Sara C. (2014): "Leyendo el anarquismo a través de ojos latinoamericanos: Reading Anarchism through Latin American Eyes", en Ruth Kinna (dir.), *The Bloomsbury Companion to Anarchism*, Bloomsbury, Londres/Nueva York, pp. 252-277.

Munck, Ronaldo (1987): *Argentina: from Anarchism to Peronism*, Zed, Londres.

Muñoz Cortés, Víctor (2013): *Sin Dios ni Patrones. Historia, diversidad y conflictos del anarquismo en la región chilena (1890-1990)*, Mar y Tierra, Valparaíso.

Muñoz, Laura; Palomo, Gonzalo y Recio, José Antonio (2010): "Comunismo libertario y autonomía indígena", *HAOL*, nº 21, invierno, pp. 111-122.

Muñoz, Pascual (2012): *La primera huelga general en el Uruguay, 23 de mayo de 1911*, La Turba, Montevideo.

Nettlau, Max (1971): *Histoire de l'anarchie*, Du Cercle/La Tête de Feuilles, París.

— (2008): *Actividad anarquista en México*, Instituto Nacional de Antropología e Historia, Ciudad de México.

O'Connor, Emmet (2010): "Syndicalism, Industrial Unionism, and Nationalism in Ireland", en Steven J. Hirsch y Lucien van der Walt (dirs.), *Anarchism and Syndicalism in the Colonial and Postcolonial World, 1870-1940. The Praxis of National Liberation, Internationalism, and Social Revolution*, Brill, Leiden/Boston, pp. 193-224.

Oved, Iaacov (1978): *El anarquismo y el movimiento obrero en Argentina*, Siglo XXI, México.

Overing, Joanna (1975): *Piaroa, a People of the Orinoco Basin*, Oxford University, Oxford.

Páez, Alexei (1986): *El anarquismo en el Ecuador*, Editora Nacional, Quito.

Pareja Pflücker, Piedad (2015): *Anarquismo y sindicalismo en el Perú (1904-1929)*, Los Nadie, s. l.

Pazmiño, Carlos (2010): "Anarquismo comunista y dilema indio" [disponible en https://reflexionrevuelta.wordpress.com/2010/ 11/18/carlos-pazmino-anarquismo-comunista-y-dilema-indio-pasado-presente-y-futuro-revolucionario/].

Pelletier, Philippe (2015): *Albert Camus, Élisée Reclus et l'Algérie*. La Cavalier Bleu, París.

Pereira, Dionísio; Fernández, Eliseo (2020): *Nacionalismo e anarquismo na Galiza (1840-1940)*. Positivas, Santiago.

Petri, Rolf (2018): *A Short History of Western Ideology*, Bloomsbury, Londres.

Porter, David (2011): *Eyes to the South. French Anarchists & Algeria*, AK Press, Edimburgo.

Prado, Abdennur (2010): *El islam como anarquismo místico*, Virus, Barcelona.

Prado, Arnoni; Hardman, Francisco Foot y Leal, Claudia (dirs.) (2011): *Contos anarquistas. Temas & textos da prosa libertária no Brasil (1890-1935)*, WMF Martins Fontes Ltda., São Paulo.

Purkis, Jonathan (2014): "The Hitchhiker as Theorist: Rethinking Sociology and Anthropology from an Anarchist Perspective", en Ruth Kinna (dir.), *The Bloomsbury Companion to Anarchism*, Bloomsbury, Londres/Nueva York, pp. 140-161.

Quijano, Aníbal (2007): "Colonialidad del poder y clasificación social", en Santiago Castro-Gómez y Ramón Grosfoguel (dirs.), *El giro decolonial. Reflexiones para una diversidad epistémica más allá del capitalismo global*, Siglo del Hombre, Bogotá, pp. 93-126.

— (2014a): "'Bien vivir'. Entre el 'desarrollo' y la des/colonialidad del poder", en Aníbal Quijano, *Cuestiones y horizontes. Antología esencial*, CLACSO, Buenos Aires, pp. 847-860.

— (2014b): "Colonialidad del poder, eurocentrismo y América Latina", en Aníbal Quijano, *Cuestiones y horizontes. Antología esencial*, CLACSO, Buenos Aires, pp. 777-832.

— (2014c): *Cuestiones y horizontes. Antología esencial*, CLACSO, Buenos Aires.

— (2014d): "El 'movimiento indígena' y las cuestiones emergentes en América Latina", en Aníbal Quijano, *Cuestiones y horizontes. Antología esencial*, CLACSO, Buenos Aires, pp. 635-664.

Rama, Carlos y Cappelletti, Ángel J. (1990): *El anarquismo en América Latina*, Biblioteca Ayacucho, Caracas.

RAMNATH, Maia (2011): *Decolonizing Anarchism*, AK Press/Institute for Anarchist Studies, Oakland/Washington.
RECLUS, Élie (2017): *Les primitifs*, Forgotten Books, Londres.
RECLUS, Élisée (2014): *Les grandes textes*, Flammarion, París.
— (2018): *Voyage à la Sierra Nevada de Sainte-Marthe: paysage de la nature tropicale*, Hachette Livre-BNF, París.
REIG VIDAL, Jaime (2018): *A favor de la tribu*, Los Libros de la Catarata, Madrid.
REY, Guillaume (2017): *Afriques anarchistes*. L'Harmattan, París.
RIVERA CUSICANQUI, Silvia (2007): "Anarchism and Indigenous Resistance in Bolivia: Interview with Silvia Rivera Cusicanqui" [disponible en http://upsidedownworld.org/archives/bolivia/anarchism-and-indigenous-resistance-in-bolivia-interview-with-silvia-rivera-cusicanqui/].
— (2011): "La identidad ch'ixi de un mestizo: en torno a un manifiesto anarquista de 1929", en VV AA, *Memoria y presente de las luchas libertarias en Bolivia*, Piedra Rota, Tembladerani, pp. 9-20.
— (2014): *Vh'ixinakax utxiwa. Una reflexión sobre prácticas y discursos descolonizadores*, Tinta Limón, Buenos Aires.
ROCA, Beltrán (2008a): *Anarquismo y antropología*, La Malatesta, Madrid.
— (2008b): "Anarquismo y antropología: una introducción", en Beltrán Roca (dir.), *Anarquismo y antropología*, La Malatesta, Madrid, pp. 9-32.
RODRIGO MORA, Félix (2008): *Naturaleza, ruralidad y civilización*, Brulot, Madrid.
RODRIGUES, Edgar (2005): *Santos. The Barcelona of Brazil. Anarchism and Class Struggle in a Port City*, Kate Sharpley Library, Londres.
— (2010): *História do movimiento anarquista no Brasil*, Ateneu Diego Giménez, Piracicaba.
RODRÍGUEZ GARCÍA, Huascar (2014): *La choledad antiestatal. El anarcosindicalismo en el movimiento obrero boliviano (1912-1965)*, Los Nadie, s. l.
ROSEMONT, Franklin (s. f.): "Karl Marx and the Iroquois" [disponible en http://www.geocities.com/cordobakaf/marx_iroquois.html].
SABIO, Oso (s. f.): *Rojava. An Alternative to Imperialism, Nationalism, and Islamism in the Middle East* [disponible en https://ososabiouk.files.wordpress.com/2015/ 04/rojava-an-alternative- to-imperialism-nationalism-and-islamism-full-size.pdf].
SAHLINS, Marshall (1976): *The Use and Abuse of Biology*, University of Michigan, Ann Arbor.
— (1978): *Stone Age Economics*, Tavistock, Londres.
SAID, Edward (1994): *Culture and Imperialism*, Vintage, Londres.
— (1995): *Orientalism*, Penguin, Harmondsworth.
SAÏL, Mohamed (2009): "The Kabyle Mind-Set", en Robert Graham (dir.), *Anarchism. A Documentary History of Libertarian Ideas. Volume Two. The*

Emergence of the New Anarchism (1939-1977), Black Rose, Montreal/Nueva York/Londres, pp. 157-160.
Salas, Denis (2002): "Louise Michel déportée politique au bagne de Nouvelle-Calédonie (1874-1880). Une expérience de l'écriture", en *Histoire de la justice* (nº 15), págs. 239-249.
Sandoval Vargas, Hugo Marcelo (2011): *La configuración del pensamiento anarquista en México*, Grietas, Guadalajara.
— (2013): *Prácticas libertarias y movimientos anticapitalistas*, Grietas, Guadalajara.
Santos Vera, Sales y Madina Elguezábal, Itziar (2012); *Comunidades sin Estado en la montaña vasca*, Hagin, Antsoain.
Scalapino, Robert A. y Yu, George T. (1975): *El movimiento anarquista en China*, Tusquets, Barcelona.
Schmidt, Michael (2013): *Cartography of Revolutionary Anarchism*, AK, Oakland/Edimburgo/Baltimore.
Schuster, Eunice Minette (1932): *Native American Anarchism*, Loompanics, Port Townsend.
Scott, James C. (1985): *Weapons of the Weak. Everyday Forms of Peasant Resistance*, Yale University, New Haven/Londres.
— (2009): *The Art of Not Being Governed. An Anarchist History of Upland Southeast Asia*, Yale University, New Haven/Londres.
Seaman, Graham (2003): "William Morris. The House of the Wolfings" [disponible en https://www.marxists.org/archive/morris/works/1888/wolfings/index.htm].
Segato, Rita (2015): *La crítica de la colonialidad en ocho ensayos. Y una antropología por demanda*, Prometeo, Buenos Aires.
Service, Elman R. (1979): *The Hunters*, Prentice Hall, Englewood Cliffs.
Shaffer, Kirk (2010): "Tropical Libertarians: Anarchist Movements and Networks in the Caribbean, Southern United States, and Mexico, 1890s-1920s", en Steven J. Hirsch y Lucien van der Walt (dirs.), *Anarchism and Syndicalism in the Colonial and Postcolonial World, 1870-1940. The Praxis of National Liberation, Internationalism, and Social Revolution*, Brill, Leiden/Boston, pp. 273-320.
Shanin, Teodor (1990): *El Marx tardío y la vía rusa. Marx y la periferia del capitalismo*, Revolución, Madrid.
Shepard, Paul (1973): *The Tender Carnivore & the Sacred Game*, University of Georgia, Athens.
Simpson, Leanne (dir.) (2008): *Lighting the Eighth Fire: The Liberation, Resurgence and Protection of Indigenous Nations*, Arbeiter Ring, Winnipeg.
Sioui, Georges E. (1995): *For an Amerindian Autohistory*, McGill-Queen's University, Montreal.

SMITH, Andrea (2008): "American Studies without America: Native Feminism and the Nation-State", en *American Quarterly*, nº 60, 2, pp. 309-315.

SMITH, David Michael (2013): "*Marxism and Native Americans* Revisited" [disponible en http://www.se.edu/nas/files/2013/03/Proceedings-2005-Smith.pdf].

SOLNIT, Rebecca (2020): *Un paraíso en el infierno. Las extraordinarias comunidades que surgen en el desastre.* Capitán Swing, Madrid.

STAID, Andrea (2018): *Contro la gerarchia e il dominio. Potere, economia e debito nelle società senza Stato.* Meltemi, Sesto San Giovanni.

SUÁREZ, Liliana y HERNÁNDEZ, Rosalva Aída (dirs.) (2008): *Descolonizando el feminismo. Teorías y prácicas desde los márgenes*, Cátedra, Madrid.

SURIANO, Juan (2001): *Anarquistas, Cultura y política libertaria en Buenos Aires, 1890-1910*, Manantial, Buenos Aires.

TARACENA ARRIOLA, Arturo (2012): "Los manuscritos de Max Nettlau sobre el anarquismo en Centroamérica entre 1906-1932" [disponible en http://www.pacarinadelsur.com/home/figuras-e-ideas/379-los-manuscritos-de-max-nettlau-sobre-el-anarquismo-en-centroamerica-entre-1906-1932].

TOLEDO, Edilene y BIONDI, Luigi (2010): "Constructing Syndicalism and Anarchism Globally: the Transnational Making of the Syndicalist Movement in São Paulo. Brazil, 1895-1935", en Steven J. Hirsch y Lucien van der Walt (dirs.), *Anarchism and Syndicalism in the Colonial and Postcolonial World, 1870-1940. The Praxis of National Liberation, Internationalism, and Social Revolution*, Brill, Leiden/Boston, pp. 363-394.

TRAVERSO, Enzo (2016): *Mélancolie de gauche. La force d'une tradition cachée (XIXe-XXIe siècle)*, La Découverte, París.

TREJO, Rubén (2010): *Magonismo. Utopía y revolución*, Aldarull, Barcelona.

TRIGGER, Bruce G. (1995): "Foreword", en Georges E. Sioui, *For an Amerindian Autohistory*, McGill-Queen's University, Montreal, pp. 9-16.

TURNBULL, Colin (1962): *The Forest People*, Doubleday, Nueva York.

UMALI, Bas (2013): "Archipelagic Confederation – an Anarchist Alternative for the Philippines", en Robert Graham (dir.), *Anarchism. A Documentary History of Libertarian Ideas. Volume Three. The New Anarchism (1974-2012)*, Black Rose, Montreal/Nueva York/Londres, pp. 393-398.

VASQUEZ, Eduardo (s. f.): "Cosmovisión andina y anarquismo comunista" [disponible en https://perulibertario.word press.com/2017/07/18/cosmovision- andina-y-anarquismo-comunista/].

VENEUSE, Mohamed Jean (2009): *Anarca-Islam*, tesis presentada en el Departamento de Sociología de la Queen's University de Ontario [disponible en https://theanarchistlibrary.org/library/mohamed-jean-veneuse-anarca-islam].

VILLALOBOS GARCÍA, Rodrigo (2022): *Comunismo originario y lucha de clases en la Iberia prehistórica*. Sabotabby, Móstoles.

VIÑAS PORTER, David (2015), *Anarquistas en América Latina*, Los Nadie, s. l.

VITALE, Luis (s. f.): "Contribución a una historia del anarquismo en América Latina" [disponible en https://es. scribd.com/document/249592140/Luis-Vitale-Contribucion-a-Una-Historia-Del-Anarquismo-en-America-Latina].

VIVEIROS DE CASTRO, Eduardo (2017a): *A inconstância da alma selvagem*, Ubu, São Paulo.

— (2017b): "Os involuntários da pátria. Elogio do subdesenvolvimento" [disponible en http://chaodafeira.com/wp-content/uploads/2017/05/SI_cad65_eduardoviveiros_ok.pdf].

VV AA (2006): "1903-1981: Anarchism in Poland" [disponible en https://libcom.org/history/articles/anarchism-in-poland].

VV AA (2011a): "Anarchism in Indonesia. A 2010 Interview with Indonesian Anarchists about the Anarchist Movement There" [disponible en https://theanarchistlibrary.org/library/alan- gilbert-anarchism-in-indonesia].

VV AA (2011b): *Memoria y presente de las luchas libertarias en Bolivia*, Piedra Rota, Tembladerani.

VV AA (2013): "What is Going on in Kurdistan?", en Robert Graham (dir.), *Anarchism. A Documentary History of Libertarian Ideas. Volume Three. The New Anarchism (1974-2012)*, Black Rose, Montreal/Nueva York/Londres, pp. 385-393.

VV AA (2014): "Los 'Basheya', el anarquismo en África y el mundo árabe" [disponible en http://revistacontrahistoria.blogspot.com.es/2014/08/los-basheyas-anarquismo-en-africa-y-el.html].

VV AA (2016a): "Historia del anarquismo en Paraguay" [disponible en https://es.wikipedia.org/wiki/Historia_del_anarquismo_en_Paraguay].

VV AA (2016b): "Historia de los antiguos Mapuche" [disponible en https://anarquismoenpdf1.wordpress.com/2016/ 09/02/historia-de-los-antiguos-mapuche/].

VV AA (2017a): "Anarchism in Ireland" [disponible en https://en.wikipedia.org/wiki/Anarchism_in_Ireland].

VV AA (2017b): "Anarchism and Islam" [disponible en https://en.wikipedia.org/wiki/Anarchism_and_Islam].

VV AA (2017c): "Anarchism in the Philippines" [disponible en https://www.anarkismo.net/article/955].

VV AA (2017d): "Anarchism in Singapore" [disponible en https://en.wikipedia.org/wiki/Anarchism_in_Singapore].

VV AA (2018a): "Anarchism in Australia" [disponible en https://en.wikipedia.org/wiki/Anarchism_in_Australia].

VV AA (2018b): "Anarchism in Greece" [disponible en https://en.wikipedia.org/wiki/Anarchism_in_Greece].
VV AA (2018c): "Anarcho-primitivism" [disponible en https://en.wikipedia.org/wiki/Anarcho-primitivism].
WAAL, Frans de (2020): *L'âge de l'empathie.* Les liens qui libèrent, S.L.
WALT, Lucien van der (2005): "Towards a History of Anarchist Anti-imperialism", [disponible en https://theanarchistlibrary.org/library/lucien-van-der-walt-towards-a-history-of-anarchist-anti-imperialism].
— (2010a): "Negro e vermelho: anarquismo, sindicalismo revolucionário e pessoas de cor na África Meridional nas décadas de 1880-1920", *Revista Mundos do Trabalho*, vol. 2, nº 4, agosto-diciembre, pp. 174-218.
— (2010b): "Revolutionary Syndicalism, Communism and the National Question in South African Socialism, 1886-1928", en Steven J. Hirsch y Lucien van der Walt (dirs.), *Anarchism and Syndicalism in the Colonial and Postcolonial World, 1870-1940. The Praxis of National Liberation, Internationalism, and Social Revolution*, Brill, Leiden/Boston, pp. 33-94.
WALT, Lucien van der y SCHMIDT, Michael (2009): *Black Flame: The Revolutionary Class Politics of Anarchism and Syndicalism*, AK Press, Oakland.
WHITE, Leslie (1959): *The Evolution of Culture*, McGraw-Hill, Nueva York.
ZARROW, Peter (1990): *Anarchism and Chinese Political Culture*, Columbia University, Nueva York.
ZERZAN, John (1994): *Future Primitive and Other Essais*, Autonomedia, Nueva York.
ZIBECHI, Raúl (2014): *Descolonizar la rebeldía. (Des)colonialismo del pensamiento crítico y de las prácticas emancipatorias*, Zambra/Baladre, Málaga/Carcaixent.
— (2016): *Latiendo resistencia. Mundos nuevos y guerras de despojo*, Zambra/Baladre, Málaga/Carcaixent.